あな吉さんの「ゆる家事」レッスン

asakura yuki
浅倉ユキ
（あな吉）

筑摩書房

はじめに

「ゆる家事」で、もっとラクしてハッピーに！

「〝家事〟について本にしてみませんか？」

そんなお話をいただいたとき、最初はお断りしようかと思いました。

だってわたし、あんまり家事をがんばってませんから……！

本来は、すごく家事を極めている人がこういったテーマの本を書けばいいのだと思いますが、「かろうじてなんとかなっている」という、はっきり言ってかなりゆる〜い感じなのです。

それでも、もしかしたらみなさんのお役に立てるかも……と思ったのは、わたしが「手抜きワザ」と「ラクする工夫」でお仕事をもらっているから。仕事に追われながら、3人の子育てと家事をやっていくには、ゆるくなくちゃやってられません。抜ける手は抜いても、家族みんながニコニコしていられるためにはどうすればいいのか、しぼれる知恵はとことんまでしぼっているからです。

わたしがなぜ忙しいか、かんたんにお話ししますと――。

日々の仕事は、東京の「ａｎｏｔｈｅｒ～ｋｉｔｃｈｅｎ（アナザー・キッチン）」という料理教室の経営です。そこでは「ゆるベジ料理研究家」という肩書きで、動物性の食材をいっさい使わない、野菜たっぷりのお料理を教えています。最近では主婦を対象に手帳の使いこなし術を教える「手帳術講座」も実施。ほかに、料理研究家ならではの視点をいかして、「女性のストレス値を下げる」ことをモットーに、掃除や美容、コミュニケーション術などあらゆる講座を開催しています。

こういった講座は地方で開催することも増え、毎月のように全国各地へ出張しています。なんと、年間でお会いする生徒さんはのべ３０００人以上！　その合間で、レシピ本の出版のために試作を重ねたり、雑誌やテレビの取材にも応じています。

こんな日常ですから、毎日が目の回るような忙しさ。「一日24時間じゃ足りないよ！」といつも思ってます。それなのに家事は苦手ときたもんだから、ますますてんてこまい。

でも、わたしはよくばりなので、あきらめるという選択肢がないんです。
仕事で思いついたことはぜんぶ実現させたいけれど、家族との時間も大切にしたい。
そんなわたしに、何が必要だったのでしょうか？
つまるところ、「効率のよい家事の工夫」でした。

わたしの料理レシピは「ゆるベジ」と呼んでいるくらいなので、「いかにラクをしておいしいものをつくるか」を、いつも考えています。省ける手間はとことん省いて、とにかくムダなく効率よく。この料理に対する姿勢は、家事についても同じなんです。「今やってる家事は、もっとラクにできるんじゃないか？」……と、ひとつひとつの家事労働の負担を減らすために、徹底的に工夫を重ねてきたわけです。
家事というのは、まさに暮らしのレシピ。だから、この本でみなさんにお伝えするのは、わたしが料理家として提案してきた「ゆるベジレシピ」と同じ発想から生まれた、とことんラクするための「ゆる家事レシピ」です。

主婦業——妻や母業とも言い換えられるわたしたちの仕事って、我慢することが美徳になっているような気がしませんか？　でもね、わたしは断固として我慢はしません！　情けないことに、人様よりも我慢できるレベルが低いので、すぐイヤになっちゃうんですよ。

「自分さえ我慢すれば、家族はハッピー」「自分のハッピーのために、家族に我慢してもらう」——そんなのって、すごく不安定。どちらかが我慢しているという状態は、いつかは崩れてしまうとっても危ういパワーバランスです。

わたしがめざしているのは、「わたしもハッピー、家族もハッピー」という世界。

双方が満足なら、すごく安定していて、気持ちも安心していられるんですから。

この本を手にとっていただいたみなさんは、きっと何かしら家事に関するお悩みを持っているんじゃないかと思います。

でも、自分と家族がハッピーでいられさえすれば、家事は完璧でなくてＯＫ！

わたしが日々、そんなふうに考えて実践している「ゆる家事」のメソッドが少しでも暮らしのヒントになって、悩めるみなさんがもっと笑顔になれますように！

ラクしてハッピー！

あな吉さんの
「ゆる家事」
レッスン

contents

Lesson 2

時間を意識すれば、家事はこんなにうまくいく

Lesson 3

料理の悩みがなくなれば、家事は断然ラクになる

Lesson 4
がんばらなくても、心地よい暮らしは実現できる

Lesson 5 家事がラクになる、家族とのコミュニケーション術

チーム

装丁・本文デザイン
こやまたかこ
（主婦歴15年）

◈

カバー・本文イラスト
メイ ボランチ
（主婦歴4年）

◈

企画・編集
大沼聡子
（主婦歴9年）

鶴見智佳子
（主婦歴19年）

Lesson 1

終わりなき戦い、それが家事なのです

ストイックなのは苦手！　手抜き大好き！

家事について話をする前に、わたしの肩書きについて、

「〝ゆるベジ料理研究家〟って何？」

「どうして〝あな吉（あなきち）さん〟っていうの？」

と思った方のために、自己紹介も兼ねてお話ししたいと思います。


わたしは肉・魚・卵・乳製品・白砂糖をいっさい使わない、ヘルシーでかんたんなお料理のレシピを提案することを仕事にしています。

そもそも、動物性の食材を摂らない食生活になったきっかけは、最初の妊娠でした。助産院で勧められた玄米菜食に切り替えてから、体調がものすごくよくなって、「あ、

この食生活はわたしに合ってるんだな」と感じたんです。

それからというもの、自分でも動物性の食材を使わないレシピを考えるようになりました。わたしがつくった料理を食べた友人たちの間で「かんたんでヘルシーでおいしい！」と評判になり、だんだん「教えてほしい」という人たちが集まるように。そうやって、料理教室を開催するようになったんです。

「あな吉」という愛称は、教室の名前からきています。「もうひとつの台所」という意味をこめて「ａｎｏｔｈｅｒ～ｋｉｔｃｈｅｎ（アナザー・キッチン）」と名付けたところ、いつしかそれを略して呼ばれるようになりました。

世間では「ベジタリアン」なんて言われることが多いのですが、**菜食主義ってものすごくストイックで、厳格な思想を持っているというイメージがありませんか？　でも、わたしはそういうのがすっごく苦手！**

提案するレシピには動物性のものはいっさい使いませんが、手抜きできる部分はとことん手抜きするので「ゆるベジ」。といっても、市販品を利用するなど、罪悪感のある手抜きはしないことをモットーにしています。

また、ゆるベジは、それぞれが家庭の事情に合わせて、できる範囲で取り入れていけばOK。「お肉が食べたい」という旦那さんに無理やり野菜ばかりを食べさせて、夫婦仲が悪くなってしまっては、本末転倒です。それでも、野菜をたっぷり食べられればいいじゃない!というのが、わたしの考え方。「こうじゃなくちゃダメ」というルールは設けていません。

日々の食事の仕度で、凝ったものばかりつくってられませんよね。ただでさえも日々忙しいのだから、省ける手間はとことん省きましょうよ!

この本では、得意分野である料理の手抜きワザを中心に、効率のいい家事のやり方ややる気アップのコツ、苦手な家事の克服術、家族に手伝ってもらう方法など、さまざまな「ゆる家事テク」をお伝えしていきます!

はっきり言って、わたしは家事の劣等生

というわけで、わたしは〝料理研究家〟ではありますが、いつもラクすることばかり考えています。

家庭的だと思われがちなこの職業。もともとマメで、家事についてはプロフェッショナル……というイメージを持たれることが多いのですが……ごめんなさい!! わたしに関していえば、まったくの正反対。むしろ、ものすごくぐうたらで、面倒くさいことはできるだけ避けて通りたい派です。

家族からも、「ママってさ〜、ホントに面倒くさがり屋だよね」って、あきれられることもしょっちゅう。

それもそのはずですよね。子どもたちから「一緒に遊ぼう」って言われたって、たいてい返事はこうです。

「ゴロゴロしながら遊ぼうよ～」

寝たまんまの状態なら、子どもたちに付き合うというていたらく……。

そんなものぐさなわたしが、家事が得意なはずがありません。

唯一、得意な料理だって、食べるのが好きだからやれていること。それに、本音を言ってしまうと、頭でいろんなレシピを考えるのは好きですが、実際につくるのは、じつはそんなに好きじゃなかったりして……。

独身で、ひとり暮らしの間はそれでもよかったんです。家事をやらなくたって、誰にも迷惑はかかりません。

でも、夫と生活を始めて、子どもが生まれてからは、家事をやらないと家族が困ります。しかも、待っていたのは、想像以上に大変で膨大な量の家事でした。人一倍、面倒くさがり屋のわたしにとって、それはものすごい負担になっていったのです。

ストレスは、ふたり目の出産のときにピークとなりました。

26歳で長女を、3年後に次女を出産。

その頃、わたしは専業主婦で、押し寄せる家事と日々の行き詰まり感にすっかりメンタルをやられてしまっていました。当たり前ではありますが、毎日毎日、同じことの繰り返し。

「いったいいつまでこんな日々が続くんだろう……」

気がつけば、山になった洗濯物を目の前にして呆然としてしまっていました。


そんな閉塞感を打開したくて趣味で始めたのが、料理教室でした。気晴らしに、家事とは違うことがやりたくて、たまらなくなったんです。

最初はこぢんまりとした感じで、お友だちのママたちを集めて、自宅で野菜たっぷりでかんたんでヘルシーな料理を教え始めました。


それがストレス解消になっていたのも束の間。

ほんの趣味のつもりだったのが、「教えてほしい」という人がたくさん集まってきて、あれよあれよという間に趣味とは呼べないくらいに料理教室で忙しくなってしまったのは想定外でした。

料理教室ってかんたんにできそうに見えるかもしれませんが、じつはかなり大変なんです。申込みしてくださった方にお返事をして、お教えする料理を何度も試作して、食材の買い出しをして、当日の段取りを考えて……みなさんが思っている以上に、その準備にかかる手間の多さたるや！

とはいっても、自分のやっていることが誰かに認められて、仕事として成り立つのはうれしいという気持ちがありました。その一方で、もともと苦手な家事が、ますます上手くまわせなくなってきて、プチパニックになっている自分。

「なんとかしなくちゃ！」

もう逃げてられません。

それが、家事と真正面から向き合うきっかけでした。

家事を大変にしている「三大理不尽」って？

いくらぐうたらなわたしでも、

「向いていないから、やめちゃおっか！」

なんていうわけにはいかないのが、家事のつらいところです。

だって、家族は一瞬たりとも待ってくれないんですよ！

時間がくれば子どもたちは「お腹空いた！」とごはんを求めてくるし、ちょっとサボるだけで恐いくらいに洗濯物がどんどんたまっていく。掃除しなければ、あっという間にホコリが積もっていきます。


哀しいかな、家事に追われるのは、主婦の宿命です。

わたしは真剣に考え始めました。

家事をこんなに大変だと感じるのは、はたして「やることが多いから」なのか？

家事の量の多さについては、ある程度は、仕方のないことだと思うんです。でも、それだけではないはず……。


そう、問題なのは、どうしようもない「労働の理不尽さ」なんじゃないでしょうか？

わたしたちが家事を大変だと感じるのは、次のような「三大理不尽」があるからなのです。

家事の理不尽 1
やってもやっても、エンドレスである

朝ごはんをつくったら昼ごはんがきて、洗い物をしたら、夕ごはん。せっかく空っ

ぽになった脱衣カゴの洗濯物も、また夜になれば満杯です。やったと思っても、瞬く間に振り出しに戻る……。

家事って本当にエンドレス。

いつまでたっても先が見えない「終わりなき戦い」です。

たとえば、「料理の本をつくる」という仕事なら、試作があって、撮影があって、原稿のチェックがあって……と段階をひとつひとつクリアしていけば、ちゃんと書店に並んで、仕事が「終わった！」となります。やりきった喜びというのは何にも代え難く、これまでの苦労も報われて、「さあ、次の仕事もがんばろう！」と、気持ちの切り替えもできます。

ところが、家事はやってもやっても「終わった！」という瞬間がありません。やろうと思えばいくらでもやることが出てくる。それに、あっという間に元通り。

この繰り返しって、本当にしんどい！

…
やっても やっても
ゴールが見えない…
ハァ…

家事の理不尽 2
家事はやって当たり前。できなきゃ〝減点〟される

主婦が家事をやることは、当たり前だと思われています。

だから、どんなにがんばったとしても、そうホメられることはありません。

それどころか、ちょっとサボったり、上手にできないと〝減点〟されちゃう。

おかずの味つけに失敗すれば「まずい」と残される。

洗濯物がたまれば「早く洗っといてよ」と文句を言われる。

でも、ちゃんとやっていても、めったに感謝されることはありません。だって、日常のことなんですから。

家事の理不尽●3

単純でかんたんな仕事だと思われている

家事というのは一見、誰にでもできるような、単純な仕事のように見えます。

もちろん、お米をといだり、掃除機をかけたり、洗濯物を干したり、それぞれひとつひとつの作業はシンプルかもしれません。が、時間をかけてやろうと思えばいくらでもかけられてしまう。そういった仕事が膨大にあるわけです。

それなのに、主婦の日常は「ヒマ」で「気楽」なものだと思われているため、家事は片手間でできるものだという誤解があります。

たいした仕事だと思われていないと、やりがいも感じられません。

こんなふうに家事について考えてみると、本当に理不尽な労働だなと思わずにいられません。

「やる気がおきない」という主婦がたくさん現れるのは、当然のことなのです。

誰もが「主婦失格」だと思っている

「人にくらべて、どうしてわたしは主婦業をうまくこなせないんだろう」

アナザー・キッチンの講座には、そんなコンプレックスを持って参加する主婦の方がたくさんいます。**みんな自分が「主婦失格」だと思っているんです。**

１００人の主婦がいれば１００人みんな、「いかに家事が苦手で、自分に向いていないか」ということをとめどなく語り出します。

でも、家事労働って、際限なくあって終わりがない。だから、年間３０００人以上の主婦のみなさんと接しているわたしは、声を大にして言いたい。

家事が苦手なのは、この本を読んでいるあなただけじゃありませんよ！

誰もがみんな、そう思っているんです！

「家事をうまく回せないのは、自分の能力がないからだ」

そんなふうに自分を責めている人がいたとしたら、それは大間違いです。

家事ってフタを開けてみれば、料理・洗濯・掃除といった定番の仕事に加えて、雑多なやるべきことが山のようにあるわけです。**それらには締め切りがないから、どこからやればいいのか、いつまでにやればいいのか分からず、手をつけにくい**。しかも、子育てをしていれば、急に熱を出して予定がめちゃくちゃになるなんてしょっちゅうで、一日の予定は子どもに振り回されっぱなしです。

やらなければいけない家事がそこにある限り、わたしたちは「やらなくちゃ」と気ばかりが焦ります。その焦りが、家事への苦手意識へとつながっていくのです。

そして、家事には終わりがないから、永遠に苦手意識は消えないのです。

「いつかラクになる」は幻想である！

さて、家事のやっかいさについて理解したところで、もうひとつ大きな落とし穴があることをお話ししたいと思います。

それは、子育てをしている主婦のみなさんの多くが、「今は大変だけど、子どもが大きくなったら、もっと家事がラクになるはず」と思っていることです。

はっきり言いましょう、それは幻想です！

わたしだって、ひとり目を妊娠している頃は、「今は妊婦だからしんどいけど、産んでしまえば、もっと家事がラクになるはず」と思ってました。でも、産んでみたら、子どもに振り回されっぱなしで、家事はもっと大変になっていきました。
ふたり目が生まれ、3人目が生まれ……ごはんの量も、洗濯物の量も、保育園の送り迎えも、子どもの数だけやることは増えていきます。子どもが大きくなったらなったで、それぞれの学校行事や受験、成長段階に応じて、親がやることはますます増えていく一方という現実。

子育ての話だけじゃありません。たとえば家計を支える旦那さんに何かあって自分が働かなければならなくなったら、親の介護が始まったら……もちろん、そんなことは考えたくないかもしれませんが、人生はいつまでたっても、やることだらけなんです。

何も手を打たなければ、家事は一生大変なまま、あなたにつきまとってきます。

今の生活スタイルを続けている限りは、絶対にラクになんてなりません。
だから、力ずくでラクになる方法を考えていかなければいけないんです。

手抜きしても、家族が笑顔でいられればいい

よく、ライフスタイルに関する講座のときに、みなさんに「ゴールを決めましょう」という話をします。ゴールをつくらないと、どこに向かってどうやって走っていったらいいかわからず、回り道をしてしまったり、ペース配分に失敗したり、闇雲に走って息切れしたり……とムダなことだらけなんです。

この本の冒頭でもお伝えしたように、**わたしが家事をやる上でめざしたゴールは、「わたしもハッピー、家族もハッピー」**というものでした。

具体的には、

「家族が困ったりイヤだったりしない範囲で、家事をラクする」

という方針を立てたのです。

できあいのお惣菜を食卓に並べるのは、我が家ではあまり家族にはよろこばれないけれど、手抜きレシピのおいしい料理はどんどん取り入れたってOK。夫も娘も息子も、みんな笑顔でニコニコしていられるなら、そんな手抜きはじゃんじゃんかしちゃっていいんじゃないでしょうか？

そして、

「どんなに家族にとっていいことであっても、わたし自身はガマンしない」

ということも同時に決めました。だから、やりたい仕事をあきらめてまで、家のことに専念するという選択はなかったのです。

こうやって家事について徹底的に考えて、ゴールを決めたら、あとはそれをどう達成していくかだけです。

面倒くさがり屋のくせによくばりなわたしは、一生懸命考えました。

ずーっとずーっと、家族全員が幸せな笑顔でいられるように、無理しなくても、がんばらなくてもできる「ゆる家事」を。

Lesson 2

時間を意識すれば、家事はこんなにうまくいく

わたしが「朝家事」に目覚めたきっかけ

目の前に、新聞紙の束がひとつあったとします。

ヒモでくくって、古紙回収に出さなければいけません。


これ、朝だったらぜんぜん問題ないんです。お弁当をつくるためにお鍋をかけていたり、朝食の仕度のためにお湯を沸かしたりしている合間に、「新聞捨てなくちゃ」と思ったらパパッと手をつけられる。

でも、夜だったら?

ごはんも終わって、おなかいっぱい。あー、めんどくさい、立ち上がりたくない。

「ま、来週でいっか」

はい、間違いなくそうなってしまいます。
朝なら体力があるのに、夜になると電池が切れちゃうわたし。部屋の片付けも朝なら体が動くのに、夕方以降になると、体がずーんと重くなってきて、どんな小さな家事もおっくうになってしまうんです。

そんなわけで、わたしが実践しているのが「朝家事」。夜に家事をやるよりも、ずっとずっとラクな気持ちで、たくさんの仕事をやっつけられます。

どっちみち、朝は子どもたちのお弁当もつくらなくちゃいけないので、いくらぐうたら人間でも、ちゃんと起きるんですよね。いったん起きてしまえば、頭が働かなくてぼーっとしていても、体を動かすような家事はまとめてできちゃう。あるとき、そのことに気がついたんです。

わたしの場合、ただ単に朝に家事をやるだけじゃないんです。「家事は朝しかやらない」と決めて、それを徹底しています。

じゃあ、夜は何をしているかというとですね、家事はほとんどやらず（夕飯の仕上げ調理だけはやります）、仕事の時間にあてています。

ただし、一部の雑用は、夜やることもあります。

家事のなかで体を使わなくていい仕事は、あえてその作業を夜に振り分けているんです。そのほうが断然、効率がいい。

たまったメールの返信をするために必ずパソコンに向かいますから、頭を使わなくちゃいけない作業なら、かえって夜のほうが好都合です。

たとえば学校から渡された資料に目を通さなければいけないなど、集中して考えたり読み込んだりするようなことがあるとすれば、ぜんぶ後回し。子どもたちが寝てしまったあとの時間のほうが落ち着いて取り組めます。

「昼家事」「夜家事」でもいいんです

お伝えしたいのは「家事は一日かけてやるもんじゃない」ってことです。

料理も洗濯も掃除も、子どもや夫の世話も、すべてが一緒くたになってしまってる家事ですが、やらなくちゃいけない仕事をすべて洗い出してみれば、それぞれに「やるのに適した時間」というのがあると思うんです。

「夕飯の準備、いつなら効率的にやれるんだろう？」
「アイロンがけ、いつならやる気が出るのかな？」

そう考えて取り組むだけで、びっくりするほどはかどり方が違うんですよ。

わたしの場合は、「家事は、朝なら体が動く。しかも効率がいいから、できるだけまとめてやるのがいちばんいい」っていう結論になったわけです。

といっても、朝という時間帯が重要なんじゃありません。

「低血圧だから朝が弱くて……」

っていう人、いますよね。それに、子どもたちが学校に出かけたあとや、家族が寝てしまった夜なら、落ち着いて家事に取り組めるという人もいるでしょう。

それに、子どもの年齢によっても、違うと思います。朝家事をやりたいからといって、お母さんが4時に起きてしまったら、おっぱいをあげてるような赤ちゃんは起きちゃいますよね。それなら、子どもがもうちょっと成長するまで、朝家事は待ってもいいかもしれません。

要は、「昼家事」でも「夜家事」でもいいんです。

自分がいちばん、家事をやりやすい時間というのを一度じっくり考えてみてほしい、っていうこと。

闇雲に手をつけるよりも、そのほうがずっとスムーズです。
もうこれ以上、家事に不要な時間をかけるのはやめにしませんか？

朝なら家族に「見せ家事」できる！

じつは、朝家事にしている理由は、「体が動いてはかどるから」という理由のほかに、もうひとつあります。

夫や子どもたちがいる時間に、家事ができるからです。

これをわたしは、「見せ家事」と呼んでます！

ママが一生懸命がんばっているから、この家が成り立っている。

家族には、そのことをちゃんとわかっていてほしいんです。

学校や仕事から帰ってきたら、いつの間にかリビングがきれいに掃除されていて、散らかしっぱなしにしていた新聞も束ねられている。

みんなが出した洗濯物だって、あたりまえのようにきれいになってピシッと畳まれて、クローゼットやたんすの引き出しに再び収められている。

満杯になっていたゴミ箱だって、気がつけばまた空っぽになっている。

いつの間にか家がリセットされているわけです。

もちろん、誰かがやっているからなのですが、家族はそのことに対して、たいがい無自覚なもの。それって、どうなんでしょう？

少なくともわたしは、

「こんなに働いてるのに、わかってもらえてないなんて虚しいよなぁ」

と思ってしまいます。

だから、自分が家事をがんばっている姿は、常に家族に見せておきたいんです。


わたしが家事をやる朝の時間というのは、家族と一緒に起きて、子どもたちが学校に行くまでの2時間。

子どもたちが登校する準備をしている間に、

「ママは自分の仕事ばっかりじゃないんだよ。みんなのために、おうちのこともちゃんとやってるんだよ」

ってことをしっかり見せつけるために、パタパタと家の中を片付けてまわって、せっせと動き回ります。

で、「いってらっしゃ〜い！」って、中学生の長女、小学生の次女と長男を順番に送り出して、みんなが家からいなくなったら、フーッといったん深呼吸。

はい、今朝の見せ家事は終了！　もうやらない！

一生懸命なのは、家族がいる間だけです。

家族の前ではしっかりアピールすべく、すごーくがんばっちゃう。

でもって、みんなが帰ってきたら、ふたたび見せ家事タイム。

ちょっとだけ、ごはんの仕度をがんばります（ほとんどは、朝のうちに仕度をしてしまうので、仕上げだけです）。

そして、ごはんの後かたづけをして、子どもたちが寝ちゃったら、見せ家事は終了！

もうやらない！

見せ家事☆
せっ せっ
LAUNDRY
みんな見て、見て！
めっちゃ家事をがんばってる
ママの姿を！
せっ せっ
せっ せっ
ママ
ありがとうっ

せっかく家事をやっているのに、家族に見せないなんて、「もったいない!」って思いませんか?

そういう意味でも、わたしは断然、「朝家事」派なんです。

だから、家事の「営業時間」を決めよう

「朝家事」でお伝えしたいポイントは、家事を朝やろうということだけではありません。「家事労働の時間を区切りましょう」ということも言いたいのです。

家事って、やろうと思えばどんどんやることが見つかるし、いくらでも時間をかけられるもの。

部屋に掃除機をかけるのが終わったと思ったら、網戸の汚れが目についたり、棚の上にふわっとホコリが積もっているのを見つけたり、気になるところなんていっぱい出てきます。

ごはんの仕度だって、カレーとサラダだけでパッとかんたんに済ませることもでき

れば、手間のかかったおかずを何品も揃えることもできて、際限なく凝ることが可能じゃないですか。

でも、考えてみてください。

もしこれが仕事だったら……？

たとえば、食事をつくる仕事だったらどうでしょう。

当然ながら、たった一食の準備のために何時間もかけられません。ですから、人件費のことも考慮しつつ、調理にかかる時間を考えるわけです。

調理の手間をひとつ減らそうとか、まとめて仕込んでおいた野菜を複数の料理に展開していこうとか、工夫する必要が出てきます。

ハウスクリーニングの仕事なども「1万円コースは、キッチン3時間」とか、「2万円コースだったら、半日でリビングとエアコン1台」とか、かける時間とやれることが明確にされています。

上司がいるような会社組織での労働、お客さんを相手にするサービス業、締め切りのある仕事とは違って、**家事労働というのはだれも「ここまでの仕事をこの時間でやりなさい」という指示をくれません。**

主婦の場合は、自分で「一日の家事労働は、ここまでの時間で終わらせよう」と、強い意志で決めていく必要があります。

そうしないと、いつまでたってもキリがなく、自分がどんどん消耗していくばっかりです。

だから、「家事の営業時間」を決めましょう！

わたしの場合はとっても短くて、朝はだいたい6時～8時の2時間。ちょっとやることが多いときは3時間、少しだけ早起きして、長めにやります。

夜は、夕飯の仕上げ作業など、かかっても1時間程度で家事労働を終わらせることにしています。

もし、やるべきことが新たに見つかったとしても、閉店時間がくればおしまい。あとは、また明日。

営業時間さえ決めておけば、それ以上はがんばらなくてもいいというふんぎりもつくのです。

あな吉の朝のタイムスケジュール、教えます

「じゃあ、あな吉さんの家事の営業時間ってどんな感じ？」

「朝家事のスケジュールってどうなってるの？」

「たった2時間で、3食とおやつまでつくってるって、ホント？」

わたしの講座に参加した生徒さんから必ず受けるのが、そんな質問の数々です。

ここで、わたし自身の毎朝のタイムスケジュールについて、ざっくりとお教えしましょう。

6：00～6：10　起床、すぐに洗濯機をまわす

いちばん下の子に添い寝が必要な時期までは、もっと早く起きていました。夜9時くらいに子どもと一緒に寝てしまい、朝4時に起きて……というような感じ。夜、いったん寝かせてからまた起きるというのが、しんどかったんです。

今は子どもたちがひとりで寝られる年齢になってきたので、夜はメールの返信やブログ更新といった仕事をして、わたしの就寝は12時くらい。朝は6時に起きるようになりました。

起きたら、まずは洗濯機をまわします。

洗濯のお話はLesson4でじっくりしたいと思いますが、おっくうにならないうちに、真っ先に手をつけるようにしています。

6：10〜7：30　朝食、お弁当、夕飯、おやつをつくる

朝食、お弁当、夕飯、おやつをつくって片付け終わるまで、1時間ちょっとでやってしまいます。このようなことが可能なのは、前の晩に完全に献立を決めてから寝ているから。しっかり決めてさえおけば、考えるという時間のロスがなくてすむので、一気に三食とおやつまでつくることができます。

三食分の仕込みは、たとえば圧力鍋で野菜をまとめて蒸したり、同じゆで汁でどんどん野菜をゆでていったり、一気にやるのがコツです。

我が家の子どもたちは、起きたとたんに「ごはん食べる！」って言い出します。子どもたちが学校へ出かける身支度をしている間に、まとめて下ごしらえした食材で、まずは朝食をつくって出します。

朝ごはんを食べさせている間に昼のお弁当をつくって渡し、その勢いで夕飯まで下ごしらえしてしまいます。夕飯のおかずは、最後に炒め合わせるといった調理は直前にやるほうがおいしいので、洗って切っておくところまでやって、調味料も合わせて冷蔵庫に入れて、仕上げだけすればOKという状態で入れておきます。

そして、余った時間で、おやつづくり。

おやつもある程度は何にするか決めていますが、その日のパワーの残り具合で考えることにしています。

クッキーは元気があるときじゃないと成形までたどりつけないとか、寒天寄せならジュースに寒天を煮溶かしたらひやすだけなので疲れていてもつくれるかなとか。幅を持たせておいて、おやつで調整するようにしています。

そこまでやったところで、子どもたちが、7時半に学校へ出かけていきます。我が家は電車とバスで学校に通っているので、ちょっと早めです。

7：30〜8：00　掃除、洗濯物干しで家事終了

数か月前まではまだ長男が保育園に通っていたので、お姉さんふたりが出かけたら、この時間に夫と一緒にまとめて起こしていました。ふたりに朝食を出したら、片付けや掃除を始めます。といっても、ルンバのスイッチを入れるだけですが……。**朝イチでまわしておいた洗濯もとっくに終わってるので、あとは干すだけ。**

で、夫が下の子を保育園に連れていったら、タイムアップ。

ここで家事はもう終了！　お茶を入れてホッとひと息ついて、ひとりでくつろぎながら朝食をとります。

キッチンはきれいになって、夕飯の準備もあらかた終わっているような状態です。

家事にかかる時間は「見える化」すべし

さて、わたしはこれまでに、料理のレシピ本を15冊ほど出版してきましたが、**なかでもダントツで人気なのが『あな吉さんのゆるベジ10分レシピ』**。

「もっと料理を手早くつくれないか」「料理がしんどい！」という悩みを切実に持っている人にとっては、「10分」という時間はとてもやる気の起こる数字なんじゃないでしょうか。

でもこの考え方、じつは他の家事にだって応用できることです。

トイレ掃除に何分かかるかわかりますか？

夕飯のあとに食器を洗うのにかかる時間は？

15min
掃除機がけ
10min
食器洗い
5min
トイレ掃除

なんだー！
計ってみると
たいして時間かかってないのね♪
気がラクになったわ♥

一度、ふだんやってるルーティンの家事の時間を、実際に計りながらやってみてください。

ブラシをかけるだけのトイレ掃除なら5分程度。食器を洗うのだって、水切りカゴに入れるまでだったら、10分程度の時間で済んでしまいます。

わたしが一緒に仕事をしている雑誌のライターさんで、「とにかく掃除が大の苦手」という方がいました。でも、リビングに掃除機をかける時間をはかってみたところ、「10分しかかからない」ということに気づいたそうです。

そうしたら急に気持ちに余裕ができてきて、

「『今、掃除機をかけても、出かける時間には間に合う』って逆算できるようになって、サボらなくなったんですよ」

と、教えてくれました。

負担に感じる家事こそ、こうやって時間を「見える化」するのがおすすめです。

そうすれば「たいした負担じゃない」と思えてきます。

毎日のルーティンワークは「ゆる家事プランニング」で効率よく！

掃除、洗濯、食事の仕度、保育園の送り迎え……。日々のルーティンワークって、だいたい決まってますよね。それらにかかる時間をぜーんぶ「見える化」すると、これまで気付いていなかったいろいろな現実が見えてきます。

「わたしって、毎日6時間もの時間を家事に費やしてるんだ」

「効率よく家事をやっつければ、もっと自分の時間をつくれるかも」

「こんなに家事に時間かけてたら、一日24時間じゃ足りない！」

……などなど。

といっても、見える化しただけでは、家事の効率はアップしません。

じゃあ、どうすればいいんでしょう？

おすすめしているのは、ルーティン家事をシステム化してしまうこと。これを「ゆる家事プランニング」と呼んでいます！

ルーティン家事は、作業が手の付けやすいものになるように、まず細分化。たとえば掃除なら、「リビングの掃除機かけ」「キッチンの床ぶき」など、やるべきことは細かく分けます。それにかかる時間を見える化してフセン（付箋）に書き出すのです。

さらに、いちばん効率のいい作業タイミングと順番を考えてスケジューリングします。**そうやって、毎日この通りにやれば、間違いなく家事が終わるシステムにしてしまうのです。**

ゆる家事プランニング講座も定期的に開催していますが、悩める主婦のみなさんの評判を呼んで、いつもすぐに満席になってしまいます。「実践してみたら、日々の家事のやりくりが本当にラクになった」という声が本当に多いのです。

とはいえ、こんなふうに言う人もいます。

「わたし、そこまでマジメじゃないから……」

「そんなに毎日、エンジン全開で家事なんてできないし」

「なんだかんだいってあな吉さんって、几帳面だから」

……ちょっとちょっと、それは大いなる誤解ですよ！　わたしは根っからのものぐさ人間だからこそ、ゆる家事プランニングがないとダメなんです。

これは、主婦を家事にしばるためのものではなく、ラクするためのものなんですから。


講座を受講した生徒さんで、こんな悩みを打ち明けてくれた方がいました。

「家事の最中に子どもに話しかけられると、イライラしてしまうんです……」

掃除機をかけているときは、夕飯の買い物やついでの用事をどうこなすかなどで頭がいっぱい。洗濯をしているときも、夕飯の献立のことなどで脳内はパンパン。

つまり、ひとつの家事をやっているときに、頭の中は目の前のこと、そして次の家事をどうこなしていくかで思考はフル回転していて大忙し。いつでもいっぱいいっぱいの状態なので、子どもが話しかけてくるとつい、「うるさい、だまってて！」なんて怒ってしまうというわけなのです。

わたしがルーティン家事をシステム化しているのは、そんなふうにいつも何かを考えていなくちゃいけない状態が、とっても大変で面倒くさいから！

あらかじめやるべきことをしっかり決めておけば、決めた通りに淡々と体と手を動かしていくだけでいい。ああ、なんてラクなのかしら。

「ゆる家事プランニングを実行するようになったら、子どもが話しかけてきても、ニコニコしながらおしゃべりを楽しめるようになったんですよ〜」

相談をしてきた生徒さんがその後、晴れやかな顔で報告してくれました！

システム化なんていうと小難しく聞こえますが、要は料理のレシピと同じ。

玉ねぎとにんじんをみじん切りにするなら、最初にぜーんぶまとめてやったほうが絶対に効率がいいですよね。しかもフードプロセッサーを使えば、もっとラクでかんたん、時短にもなります。そして、レシピがあればムダな作業をすることもなく、失敗もしません。

そんなふうに日々の家事も、まとめてやれることを考えたり、ラクできる方法を考えて、タイムスケジュールをしっかり組んでしまう。そうやって、ルーティン家事のベストレシピをつくっちゃおう！というわけです。

タネを明かすと、53ページで紹介したわたしのリアルな朝のタイムスケジュールも、こんな考えのもとにシステム化したものです。毎日、ほとんどなーんにも考えず、決めたとおりに家事をこなしてます。

何も考えなくても家事がきちんと終わるって、ものすごくラクです。

それでは、ゆる家事プランニングのやり方について、生徒さんの具体例をもとにお教えしていきましょう。

A子さんは、30代前半の専業主婦。家族は会社員の夫、保育園に通う4歳の娘がひとり。毎日、午前中はフル稼働で家事をめいっぱいやって、お昼からは慌ただしくパートに出かけますが、「ゆっくりコーヒーを飲んでからパートにでかけたい！」というのがささやかな願いです。

そこで、コーヒータイムを確保することを目標に、日々のルーティンワークを見直してみることにしました。

STEP 1
時間軸を書き出し、「やること＋かかる時間」のフセンをペタペタ

ゆる家事プランニングの第一歩は、時間軸を書き出すこと。最初に起床時間や保育園に送る時間、戻ってくる時間など、動かせない時間を書き込みます。

次に、家事だけでなく、着替えやメイクなども含めて「やること＋かかる時間（分）」をフセンに書き出し、ふだんやっている順番にペタペタと貼っていきます。ポイントとしては、「寝室の掃除機かけ　5」「トイレ掃除　10」などのように、作業を細分化して、それぞれにかかる時間（分）を明確に書き出すことです。

このようにしてつくったのが、次ページのスケジュール表です。

A子さんが毎朝、なんとなくこなしていた家事の全貌が明らかになりました。家事の合計時間を算出してみると、保育園に送り出すまでの時間に思いのほか余裕があり、帰ってきてからの家事は予定時間をオーバーしていることがわかりました。

ゆる家事プランニング　A子さんの場合

Before

7:00　起床

- トイレ&顔を洗う　5
- 朝食をつくる　15
- 子どもと一緒に朝食　20
- 保育園の連絡帳を書く　5
- メイクをする　10
- 自分の着替え　10
- 子どもを着替えさせる　5
- 洗濯機をまわす　10

合計80分

30分余ってる！

8:50
- 保育園に送る　20

9:10
- 朝食の洗い物　10
- リビングの片付け　10
- リビングの掃除機かけ　5
- 寝室の掃除機かけ　5
- キッチンの掃除機かけ　5
- 洗面所の掃除機かけ　5
- 洗濯物を干す　10
- トイレ掃除　10
- お風呂を洗って、水を溜めておく　5
- 夕飯の献立決め　20
- 夕飯の下ごしらえ　30
- 出かける準備　5

合計120分

20分オーバー！

10:50　パートに出かける

見直すフセン

パートに出かける前に、コーヒーを飲んでゆっくりする時間が欲しい！

STEP 2
「やること＋かかる時間」を見直し、フセンの順番を貼り替える

こうして、何気なく毎日やっていることを「見える化」してみると、ムダな部分が浮き上がって見えてきます。A子さんの場合、まず次のことに気付きました。

● 「自分の着替え　10」は服を決めるのに時間がかかっているので、前夜に決めておけば5分で済むのでは？

● 「洗濯機をまわす　10」は、前夜に洗濯物を分別しておけば、まわすのは1分でOKでは？

● 「夕飯の献立決め　20」は、時間がかかりすぎ！　朝に決めるのではなく、前の日のパートの帰り道に考えるようにすれば効率がいいのでは？

ここで、貼ったりはがしたりできる、フセンの本領発揮！

新たに「自分の着替え　5」、「洗濯機をまわす　1」というフセンをつくって、交換しました。そして、「夕飯の献立決め　20」は前日の午後にまわすことにして、フセンをはがしました。

やることの順番についても、効率的ではない部分に気がつきました。

- 朝起きたときに、必ずトイレにいく。そのついでに、ササッと「トイレ掃除　10」をやってしまえるのでは？
- 「朝食の洗い物　10」は保育園に送る前に終わらせても間に合うのでは？
- 「夕飯の下ごしらえ　30」は、献立が決まっていれば「朝食をつくる　15」と一緒にまとめてやれるのでは？　しかも、そのほうが時間も10分くらい短縮できるのでは？

そこで、フセンの順番を貼り替えたら、次ページのようなスケジュール表になりました。結果として、朝のコーヒータイムを50分も確保できたのです。パチパチ！

ゆる家事プランニング　A子さんの場合

After

時刻	家事	時間（分）
7:00	起床	
	トイレのついでにトイレ掃除	10
	顔を洗う	5
	朝食をつくる	15
	夕食の下ごしらえ	20
7:50	子どもと一緒に朝食	20
	朝食の洗いもの	10
	保育園の連絡帳を書く	5
	メイクをする	10
	自分の着替え	5
	子どもを着替えさせる	5
	洗濯機をまわす	1
8:50	保育園に送る	20
9:10	リビングの片付け	10
	リビングの掃除機かけ	5
	寝室の掃除機かけ	5
	キッチンの掃除機かけ	5
	洗面所の掃除機かけ	5
	洗濯物を干す	10
	お風呂を洗って、水を溜めておく	5
9:55	空いた時間	
	出かける準備	5
10:50	パートに出かける	

見直したフセン

合計106分

合計45分

念願のコーヒータイムを50分も確保！

STEP 3
見直したスケジュールを実行してみる

見直したスケジュールは、実際にやってみて予定通りに終わるか、見積もった時間に無理がないかなどを確かめてみることが大切です。

もし、うまくいかなかったときは再度、フセンの内容を見直したり、順番を貼り替えたりして、ベストなスケジュールを考え直してみましょう。

A子さんの場合は、「7時50分から子どもにごはんを食べさせ始めることができれば、ちゃんと予定通りにこなせている」など、時間の目安も明確になって、朝に焦ることが少なくなりました。

また、コーヒータイムというごほうびの時間ができたことで、家事へのやる気もアップして、これまでよりもテキパキと行動するようになったそうです。

朝のルーティンワークをシステム化しておくと、こんなメリットもあります。**やるべきことが決まっているので、「ちゃんと起きなくちゃ」という目的意識が明確になり、朝も自然にすっきり目覚めるんです。**

わたしのような面倒くさがり屋さんは、漠然と「早起きしよう」なんて思っても、起きられませんからね。

ただし、これは朝限定というわけではありません。夜もルーティンワークがあるのであれば、同じようにシステム化してしまったほうがラクです。

ひとつ、間違えないでいただきたいのは、このスケジュールは〝目標〟ではありません！　みなさんの家事の〝実態〟です。ちゃんと実行可能であることを大前提に考えていきましょう。

「時間食い虫」の娯楽は、今はあえて遠ざける

「あな吉さんって、本当に寝てるんですか？」

東京のみならず、全国を飛び回って仕事をしているためか、そんなふうに聞かれることがたびたびあります。が、ご心配なく。無理すると体がもたないので、睡眠時間はしっかり確保しています！

なぜこんなに忙しくてもちゃんと寝られているのか。その秘密は、とあるマイルールを設けていることが大きいのです。

実はわたし、テレビや映画を見ませんし、漫画も読みません。また、ゲームもいっさいしません。テレビは子ども部屋にひとつありますが、わたしが見るということはありません。

今はそういった娯楽に時間を使わない、そう決めているんです。なぜならば、本当に「時間食い虫」だから！

もともと嫌いなわけじゃないんです。漫画なんかはむしろ、すごく好き。時間さえあれば、３日くらいずーっと読んでいられちゃう。

わたしの母は映画狂かつ、大の漫画好き。家のなかは漫画だらけという環境だったんですよ。父は父でかなりのテレビっ子。休みの日は一日中ずーっと、テレビがガヤガヤとついてました。

だから、「あとちょっと」と思っているうちに、やめられなくなって、あっという間に時間が過ぎてしまうこともわかっています。それで、「こういう娯楽のための時間は、老後にとっておけばいいいや」って思うようになったんです。

歳をとったらいくらでも、自分の楽しみに時間をかけられるときがきます。

それなのに、大切な時間をやりくりしてまでテレビを見たり、漫画を読んだりしなくてもいいと思いませんか？

老後まで待っててね
わかった
またね

今はとっても時間が貴重で、一分一秒たりとも惜しい。
だから、子育てと仕事が忙しい間は、シャットアウトすることにしました。

今のわたしにとっての最大の娯楽は、家族とのおしゃべりなんです。うちは、夫も子どもたちもとにかく面白くて、みんなおしゃべり。ほっとけば、いつまでもずーっとしゃべっていられるほど。

そのうち、子どもたちもどんどん大人になって、きっと今みたいにひとつの部屋に、家族全員が自然に集まってくるなんてことも少なくなってくるでしょう。たわいないおしゃべりをして、みんなでゆったりと過ごすことも少なくなるかもしれません。

もちろん、優先順位は人それぞれ。娯楽に費やす時間を区切るというやり方もアリかもしれません。でも、わたしの場合はスッパリと潔く、そんなふうにルールを決めてしまっています。

Lesson 3

料理の悩みがなくなれば、家事は断然ラクになる

実は、料理がまったく好きじゃない⁉

わたしの家事の営業時間は、トータルでせいぜい2〜3時間であることは、前の章でお話ししました。

その限られた時間のなかで、わたしがいちばん時間を割いていて、優先順位が高い家事は〝料理〟です。

「料理研究家なんだから、料理が好きなんでしょ？」

なんて、言われちゃうことも多いのですが、ちょっとストップ！

それは大いなる誤解です。

読者のみなさんのイメージをぶち壊してしまうかもしれませんが、あえて白状しちやいます。

レシピを考えるのは大好きだし得意です。でも、実際に台所に立って料理をつくるのは、はっきり言ってまったく好きじゃありません！

むしろ、いつだっておっくう。「あ〜、動きたくない。誰か代わりにつくってくれないかな〜」とまで思ってるくらい！

それでも料理に時間を割いているのは、ちゃんとした理由があります。

わたしは次のような理由から、家事のなかでも料理は、最も優先されるべき仕事だと考えています。

料理に時間をかける理由 1
人はごはんを食べなければ、生きていけないから

掃除の場合は、多少さぼってホコリが積もってしまっても、死にやしません。洗濯

だって、ちょっとくらい溜め込んじゃっても「3日分をまとめて洗う」なんてことも、可能でしょう。

でも、食事だけは、待ったなし。

料理するのが面倒くさいからって、台所に立たなければ、家族にひもじい思いをさせてしまいます。

料理に時間をかける理由 ● 2
家族に罪悪感のあるようなものを食べさせたくない！

たとえば、デパ地下やスーパーのお惣菜コーナーで出来合いのおかずを買ってきたり、レンジでチンするだけの冷凍食品を使えば、台所に立つ手間が省けてラクできるかもしれません。

でも、後ろめたい気持ちになるのはイヤ！　罪悪感のある料理は、自分にとっても

大きなストレスになってしまう。だから、我が家の料理はすべて手づくりすると決めています。

自分だけがラクになって、家族の食事が健康的でなくなるような手抜きはしたくないんです。


といっても、凝った料理はつくりません。

我が家の食卓に並ぶのは、可能な限り、手間も時間もかけなくて済むように自分で編み出したゆるベジレシピ。

手づくりには違いありませんが、罪悪感のない手抜きはめいっぱいしています。

言っちゃなんですが、料理なんて、手をかけようと思えばいくらでもかけられます。でも、ただでさえ家事は大変なのに、日々の料理でそんなに上をめざさなくてもいいんじゃないかしら。


子育てしている主婦のわたしが大切にしたいと思っているのは、バランスがいいかどうかと、子どもたちがちゃんと食べるかどうか。この2点につきます。

気をつけているのは、野菜と豆、海藻をまんべんなく取り入れているかどうかということ。

そこに気を配ったうえで、子どもたちが「わぁ、おいしそう！」ってよろこんで手を伸ばしたくなるようなものをつくるようにしています。

もし、子どもたちが食べなさそうなものがあったって、ちょっとひと工夫すれば解決。食欲をそそるような盛りつけにしたり、食べたくなりそうなうつわを使ってみたりすればいいんです。


というわけで、どんなに仕事が忙しい日でも、「三食＋おやつ」づくりは、基本的な家事の流れにしっかり組み込まれているので、なんとか重たい腰を上げて、ラクにこれらをこなしていきたい！

そのためにわたしが日々、工夫していることをお伝えしていきたいと思います。

翌日の献立は、前夜に決めておけば効率がいい

みなさんは、朝昼晩の献立って、どうやって決めてますか？

「スーパーで買い物をしながら考えることが多いかな」
「食事の仕度のたびに、冷蔵庫の中に何があるかを見て決めています」
「メインのおかずだけ決めて、あとはつくりながら適当に……」

料理講座で生徒さんに質問すると、たいていそんな答えが返ってきます。
でも、台所に立つたびにいちいち悩むのって面倒くさくないですか？

わたしはものぐさ人間であるがゆえに、なんでもムダなく効率的にやるのが好きな性分。料理は高校生のときからやっていますが、当時から、何をつくるかをあらかじめ決めて、段取りまでしっかり考えてからじゃないと台所に立たないという、筋金入りの面倒くさがり屋でした。

今ではそれに磨きがかかって、さらに効率のよさを求めるようになった結果、**翌日の献立はすべて前の日の夜にしっかり決めるようにしています。**

わたしは寝る前の15分程度を「自分ミーティング」の時間にしていて、翌日やるべきこととその段取りについて、手帳とにらめっこしながら自分に相談するんです。

そのなかにはもちろん家事も含まれていて、「三食＋おやつ」の献立まで考えちゃう。

献立決めって、ホントに大変ですよね。

冷蔵庫を開けたり閉めたりしながら、ぐるぐる考える。それでも、なかなか決まらない。何をつくるか決めてないと、料理をするのもなんだかおっくうになってきてしまう……。

でも、だまされたと思って、前の日の夜に決めてみてください。翌日の料理が、驚くほどスムーズになりますから。

どれほどスムーズかというと、前夜に献立が決まっていれば、決めたついでに冷凍室にあるものを冷蔵室に移して、解凍しておけます。それに、乾物をちょっと水につけておくなんてこともできちゃう。朝、起きればしっかりもどっているので、すぐ使えるんです。

きくらげとか、干ししいたけとか、使えばおいしいってわかっているのに、もどすのに時間がかかるので、ストックがなかなかなくなりませんよね。でも、明日は夕飯の野菜炒めにきくらげを入れようとか、お昼はうどんをゆでて食べたいから、しいたけをもどしてだしをとろうとか、前夜に献立が決まっていれば、段取りよく準備できます。「乾物を使いこなせる主婦」って、ワンランク上な感じがしませんか？

週に何回かは、朝食やお弁当のために、朝から粉を練ってパンを焼くことがあります。そういう献立のときは、前夜のうちに小麦粉やベーキングパウダーなどの材料をすべて、テーブルの上に出しておきます。余裕があるときは、材料の計量まで済ませておけたら、より理想的。

それだけで、朝起きたら「よし、つくるぞ！」って、スイッチが入るんですよ。

でも、起きてなにも準備されていないテーブルを眺めていると、「ほんとにわたし、パンをつくるのかな……」って、ちょっと自分に問いかけたくなっちゃう。

前夜のうちに献立を決めたら、明日のわたしにあとちょっとだけ親切に。それぞれの手間としては、5分もかからないくらいです。

その5分がどんなに明日のわたしをラクにしてくれるかわかっているので、もう体が動くわけですよ！　ためらわずササッとやりにいけちゃう。

「ありがとう、昨日のわたし！」

朝はいつも、自分に大感謝しています。

ハイ！
コレ今日の献立よ！
しいたけももどしておいたわ
ふふっ
いいってことよ
ありがとう〜っっ
昨日のわたし！
キャーーッ♥
Today
Yesterday

献立決めの悩みにサヨナラする「7つのヒント」

「毎日、献立決めに苦労してます。なんとかしたい！」
「あな吉さんは、どうやって毎日のメニューを決めてるんですか？」

わたしが主婦のみなさんから受けるお悩み相談のなかでも、トップクラスに多いのがこれ。食事の仕度って、本当に大変です！　何の料理にしようか考えて、つくって、食べて。片付けたかと思えば、またすぐに次の食事がやってきて、永遠にこの繰り返し。だんだん献立のアイデアが湧かなくなってくるのも、よくわかります。

いくら料理研究家のわたしでも、毎回何の工夫もせずに、スーッと脳内に料理が浮かぶわけじゃありません。

そこで、献立決めのために、わたしが実践しているかんたんな方法をご紹介します。
このなかに、みなさんの悩みを解決するヒントがあるかもしれません。

献立決めのヒント 1
冷蔵庫にある食材を使いきるには、いったんすべてテーブルに並べる

「冷蔵庫にあるものを使いきりたい」というシチュエーションは、献立を決める際に最も多いんじゃないでしょうか？
たとえば、まとめて蒸しておいた野菜などは、そんなに何日ももたないので、調理していないフレッシュな野菜よりも最優先で使うようにして、繰り回す必要がありますよね。

そんなときにどうするのがよいかというと、冷蔵庫の食材をいったん、ぜーんぶ食

卓の上に出してしまいます。これは、食材を「見える化」するということ。

たとえば豆腐が半丁だけあったり、蒸したじゃがいもの残りが出てきたり、切りかけの玉ねぎなどが並んだりしますよね。こうした食材をパズルのように組み合わせて、グループ分けしていきます。

食材を「見える化」すれば、けっこう献立のアイデアがわいてくるものなんですよ。

青菜は豆腐と一緒に炒め物にしよう、にんじんの切れ端と油揚げはごはんに混ぜて食べちゃおう、じゃがいもとれんこんはステーキがいいかな——。こんなふうにして、決めていきます。

グループ分けをする最大のメリットは、使いそびれて食材をムダにすることがないということ!　頭のなかだけで考えていると、「あっ、豆腐があったのに忘れてた!」とか「ピーマンがひとつだけ残っちゃった」とか、そういうことが起こりうるわけです。

さあ、メニューをおおまかに決めたら、それを忘れないうちにメモ。あとは再び食材を冷蔵庫にしまって終了です。うまくいけば、明日だけじゃなくて、その先の献立まで考えられるのでおトクです。

献立決めのヒント 2

一食でバランスをとろうとせず、一日単位で献立を考えればＯＫ！

育ち盛りの子どもがいる我が家。

献立を考えるときは、栄養素がバランスよく摂れるように気をつけています。でも、必ず毎食、それが入っていなければならないという強迫観念にさいなまれて、献立が決められないのはつらい。

なので、一回の食事でバランスをとる必要はまったくないと思っています。一日トータルで、野菜のほかに豆と海藻が入っていれば、それでＯＫかな、と。

「一日で30品目の食材を摂りましょう」なんて言われていますが、このバランスさえクリアしていれば、品目数はそんなに多くなくてもいい。夕飯で豆腐を使うのであれば、朝昼にまで振り分ける必要はありません。

また、野菜のバリエーションも、今日はにんじんをいっぱい食べたら、明日は大根をたくさん食べるというのでもいい。一週間で、バランスよくいろいろな野菜が食べられたら、いいんじゃないでしょうか。

献立決めのヒント 3
栄養以外のバランスについても考慮する

複数のおかずをつくる夕飯については特に、栄養以外の面でも、献立のバランスが重要だと思ってます。

まずは、温かい料理と冷たい料理のバランス。
夏場は冷たい料理がおいしく感じますが、何から何まで冷えているのもイヤですよね。逆に冬場は、和えものとかサラダといった冷たいものばかりではなく、汁物や煮物など、温かい料理を多めにすると家族はよろこびます。

そして、味つけや調理法のバランス。

しょうゆ味、塩味のおかずがあるから、あとはみそ味にしようかな、といったふうに考えます。また、調理法も大切。油分が多くなりすぎないように、揚げ物があったらあとのおかずはノンオイルにするなど。

最後に、大人ウケする料理と子どもの好きな料理のバランス。

それぞれ相反するので、両方を満たす献立を考えるのはとっても面倒。わたしは分けて考えちゃいます。まずは子どもが食べることを最優先に考えるので、全体は子ども中心のメニューに。それに加えて、パパが好きなものを一品プラスして、献立の組み合わせを考えます。

献立決めのヒント ● 4
料理の方程式に当てはめて考える

献立を考えるって結局、料理の方程式に当てはめることなんです。

■料理の方程式■

材料×調理法＝献立

たとえば目の前に大根があったとします。これを使った献立を考えたい。でも、大根といえば、しょうゆ味の和風の煮物しか思いつかない。

そんなときは、大根をじーっと眺めながら、大根×含め煮、大根×カレー煮、大根×トマト煮、大根×あんかけ……って順番に言っていくと、「あ、これにしようかな」って決められるんです。

この方程式を解くためには、持っている料理本から、調理法だけ抜き出して書いておくのがおすすめです。

わたしは左ページのように、フセンに調理法だけを書きだして、いつも手帳に貼ってあります。定期的にリストを見直して入れ替えたりしながら、こうやって考える習慣がつくと、献立が思いつきやすくなってすごくラクチンです。

あな吉の調理法メモ㊵

[煮る]
含め煮、炒め煮、揚げ煮、トマト煮、カレー煮、
クリーム煮、みそ煮、ごま煮、あんかけ

[炒める]
塩炒め、しょうゆ炒め、みそ炒め、カレー炒め、
中華炒め、チリソース炒め

[焼く]
ソテー、グリル、焼き浸し、餃子、バーグ

[揚げる]
天ぷら、かき揚げ、から揚げ、フライ、コロッケ、春巻き

[サラダ]
ホットサラダ、生サラダ、中華サラダ

[和えもの]
白和え、ごま和え、辛子和え、ピーナッツ衣和え、
海苔和え、ナムル

[汁もの]
みそ汁、ポタージュ、シチュー、ポトフ、ミネストローネ

献立決めのヒント●5

家族に、レシピ本から食べたい料理を指定してもらう

どうしても自分じゃメニューを決められない!

家族は何が食べたいんだろう? そんなの知るわけないよ……。

献立に悩んでひとりで自問自答しちゃうこと、わたしだってしょっちゅうです。でも、思考がループしてしまったときのために、とっておきの方法があります。

ヒマなときに家族に料理本を渡して、食べたい料理のページにフセンを貼っておいてもらうのです。**この方法はラクです!**

ただし、かんたんな料理の本を渡すようにしてくださいね(あな吉のゆるベジレシピシリーズがおすすめです!)。難しい料理を「これ、食べたい!」なんて指定されても、いつまでたっても叶えてあげられませんから。

ふふっ
楽しそう♪
みんなも食べたいものを食べられるし
わたしも悩まなくていい！
一石二鳥ね♥

ワイ
ワイ
パパはコレがいい！
フセン貼っとくね！
ボクもー！
レシピ☆

指定してもらうのは、だいたい一週間分の献立。

うちは子どもが3人いるので、それぞれ色のちがうフセンを渡して、「ひとり3個ずつだよ」って言って貼ってもらいます。そうすると、それぞれの好物を少しずつ日常に取り入れることができます。これを月に2回もやれば、だいたい3人の食べたいものを叶えてあげることができるんです。

みんながよろこぶし、わたしも悩まなくていい。一石二鳥です！

献立決めのヒント 6
いざというときのお助けメニューをいくつか持ち歩く

わたしは基本的に、朝家事のときに夕飯の用意をしてしまいますが、仕事に出かけるまでに全部終わらないこともあります。そうすると、「帰ってからやっぱりもう一品つくらなきゃ」ってなるんです。

困ったときのために、「いざというときのかんたん、お助けメニュー」をレシピ本からいくつか抜き出して、持ち歩いてます。

ポイントは、ごくごくかんたんで家族にウケるメニューであること。わたしの場合は、縮小コピーして手帳に挟んでます。いつでもパッと見られて便利ですよ。

献立決めのヒント 7
どうしても困ったら、自分が食べたいものをつくる

いろいろ考えても結局、これといった献立が決まらない。さあ、どうしよう……と、すっかり困り果てることもあります。そんなときは、マイルールを発動。**決められないときは、自分が食べたいものをつくる！**

ちゃんと理由もあるんですよ。なぜなら、残されてしまったときに腹が立たないから。食べたくもないものをがんばってつくって、残されるとカチンとくるものです。

子どもたちのリクエストはできるだけ聞くようにしていますが、それも、気が乗らなければつくりません。

料理をつくるのは、わたし。だから、自分の気持ちがぴったり献立に合うことを重視していいと思っています。

「三食＋おやつ」は一気につくったほうが効率がいい

「三食つくって、おやつまで手づくりするなんて、わたしには絶対に無理。あな吉さんだからできるのよ～」

お友だちのママから、そんなふうに言われることがあります。

でも、わたしだって魔法使いってわけじゃないんです！

何度もお伝えしているように、わたしの一日の家事の時間はたった2～3時間。洗濯も掃除もするのに、残りの時間でどうやったら「三食＋おやつ」を用意できるんだろう？　そりゃもう、考えました。

そしてたどりついた方法は、朝まとめて、一気に下ごしらえをしてしまうというやり方。ほとんどの主婦は、朝から晩まで、食事のたびに下ごしらえをしています。でも、一日に何度も台所に立ちたくないじゃないですか！　それに、非常に効率が悪いと思うんですよね。

あらかじめ準備できるものは、まとめてやっておく。これは「効率的な家事」の鉄則です！　だから、食事の仕度は、基本的にはすべてまとめて済ませてしまいます。

それぞれ食べる時間になったら、あとは炒め合わせたり、温めたり、和えたりといった仕上げだけです。

では、どうやってわたしがまとめてつくっているのか、具体的にお話ししていきたいと思います。

一日の仕込み

「軸となる調理作業」を決めれば時短になる

わたしが料理のために充てる時間は毎日、6時10分〜7時半くらい。料理1時間、片付け20分くらいかける感じで、「三食＋おやつ」づくりを同時進行していきます。

まとめて効率よく仕込むためには、重要なポイントがあります。**その日の料理タイムの「軸となる調理作業」を決めて、それを前提とした献立構成にしておくこと**。

たとえば、軸となるのが「野菜をゆでる作業」だったとします。一回、大鍋にたっぷり湯を沸かしたら、いんげん、もやし、小松菜……と、同じ湯で次々といろいろな野菜をバーッとゆでていきます。で、ゆでた野菜で考えられる料理に展開させていくわけです。これが「蒸す作業」なら、蒸しにんじんと蒸しじゃがいもを一気につくっちゃう。

で、それを朝ごはんのためにはにんじんをつぶして小麦粉と混ぜて「にんじんのチヂミ」にし、おやつには「にんじんケーキ」を焼き、夜ごはんには調味料で和えて「蒸しにんじんのサラダ」にする。じゃがいもは、パン生地で包んでお弁当やおやつの「ポテトパン」に、夜は「コロッケ」に。こんなふうに、展開させていきます。

下ごしらえはまとめてやってしまえば時短になります。細々と調理法を変えようと思わないほうがいいんです。

鍋でにんじんやじゃがいもを蒸すときは、あるならあるだけ、一気に調理しちゃいます。それぞれ手つかずでひと袋ずつあれば、それを全部！　たとえ今日使わなくても、明日どう食べるかは、あとで考えればいいんです。

だって、野菜を1個蒸そうが10個蒸そうが、同じ時間がかかるんですよ。どうせ手間がかかるなら、できるだけいっぺんにたくさん蒸しちゃったほうが、おトクだと思

いませんか?

ちなみに、わたしは蒸すのに圧力鍋を使っています。しかも、できるだけたくさんまとめて下ごしらえできるよう、最も大容量の6リットルサイズを買ってしまったほどです。

圧力鍋なら、ほかのことをしているうちに、あっという間に野菜が大量に蒸し上がります。圧力鍋というのはピンが下がるまでにちょっと時間がかかるので、その時間を使って、材料を計量したり、調味料を出したりするとすごくスムーズです。

朝ごはん

子ども向けには、穀物とおかずを一体化させるのがコツ

我が家の子どもたち、朝はそんなに食欲がないです。

ごはんとおかずと和えもの……みたいな3点盛りにすると、いっこうに箸が進みません。ちょっと手をつけただけで、「もう、朝ごはんいらない」とか、「みそ汁だけでいいや」とか、平然と言うんですよ。

それが、食べやすい献立にしてあげると、パクパクと進むんです。

いちばんよく食べるのは、米や粉といった炭水化物とおかずが一体化しているもの。

粉に具をとじこめてチヂミやワッフルにしたり、刻み野菜を混ぜ込んだおにぎりにしたり、蒸したりゆでたりした野菜を巻いて海苔巻きにしたり。

海苔巻きって手間がかかると思っている方もいるかもしれませんが、実は、慣れればおにぎりをいっぱいつくるよりもラク！

酢飯をつくるのは面倒なので、ごはんをのせたら酢のようにさっぱりとする練り梅を塗って、あとは蒸した野菜を巻いてあげれば、子どもたちがすごくよく食べるんです。韓国風に、ごま油と塩少々で味つけしたごはんにすることもあります。

ただし、米を炊くのって、けっこう時間がかかるのが難点。ときに、朝ごはんの仕度のネックになりがちです。ちょっと寝坊しただけで、間に合わないときもあったりして……。

そこでお伝えしたいのが、朝の余裕がないときに米が炊けなくても、焦らなくて済むための知恵。

「米を炊かなくても出せる、時短朝ごはん」をいくつか頭の中に入れておくと、すごく気がラクなんです。

時短朝ごはん ● 1
「チヂミ系」……粉と野菜を混ぜるだけ！

時間がないときに最もよくつくるのが「チヂミ系」です。

野菜はキャベツでも青菜でもにんじんでも、なんでもかまいません。細かく刻んで小麦粉と水分を加えて、混ぜればあっという間にタネのできあがり。フライパンで丸く焼いて、お好み焼きやチヂミにして食べさせます。

かんたんなのに、子どもたちがよろこんで食べてくれるんです。

時短朝ごはん ● 2
「すいとん」……米を炊くより早い！

小麦粉を水で練って、ひとくちサイズに平べったくして汁物に落とすだけ。でも、すいとんって味がしみこまないとおいしくないので、ちょっとひと工夫。粉を練ったら、しょうゆかみそをちょっと加えます。そうすると、まるで煮込んだみたいな味に！

朝ごはんの場合、だいたいみそ汁に入れるので、みそとごまを加えたものにすることが多いです。こうばしくておいしいんですよ。米を炊くよりも早い！

時短朝ごはん 3
「冷凍うどん」……ピンチのときの頼みの綱!!

粉を練ってる時間すらない……という大ピンチを助けてくれるのは冷凍うどん。煮立てたみそ汁にちゃぽっと入れれば、食べられます。乾麺と違って、別ゆで不要なのも便利。わたしは生活クラブで国産小麦の冷凍うどんを買って、いざというときのために大事にストックしてあります。

ちなみに、毎朝みそ汁はかならずつくっています。

みそ汁って、野菜をたくさん入れたほうが、野菜の旨みでおいしくなりますよね。でもわたし、あまり具だくさんのみそ汁って好きじゃないんですよ。なんだかみそ煮込みみたいで。でも、おつゆは好きなので、野菜たっぷりの出汁にするのは捨てがたい。

そこで、みそを加える前に多めに野菜を入れて、一部を取り出して和えものにしちゃいます。キャベツのみそ汁だったら、鍋いっぱいにキャベツを入れてゆでて、すくい網で半分くらい引き上げるんです。

これを、ごま油と練り梅で和えてちょっとしょうゆで味をととのえると、すごくおいしくて、わたしの大好物。で、お弁当にも入れちゃう。

こんなふうにして、野菜の旨みたっぷりのみそ汁をつくりつつ、お弁当のおかずという副産物までつくってしまうわけです。

お弁当
残りおかずをしっかり活用、彩りにはお弁当グッズ

子どもたちに朝ごはんを食べさせている間に、お弁当にとりかかります。

そろそろ、いっぺんにまとめて蒸したじゃがいもが、いい感じに冷めてくるころ。

あとは皮をむいていろいろな料理に使っていきます。

まとめて蒸した野菜には火が通っているので、そのままお弁当にも入れられるので便利です。


ここでは、手間のかからない「展開おかず」や「隙間埋めおかず」などのお弁当ワザについてお話ししていきます。

お弁当ワザ● 1

「蒸し野菜でフライ」……あっという間にカラリと揚がる！

お弁当にはフライ物があるとよろこばれるんですが、生野菜を揚げ物にするのは時間がかかりますよね。でも、蒸した野菜を使うとあっという間です。

わたしが提案している「ゆるベジ」レシピの場合、フライには卵を使わないので、小麦粉を水で溶いたものにくぐらせてからパン粉をまぶして揚げるだけです。

一度蒸しているので、あとから水分が出ないのもメリット。

ソースを容器に入れて詰めてもいいですが、青のりと塩、カレー塩などをパラパラして、味にバリエーションをつけるのもおすすめです。

子どもたちは、**「じゃがいものフライ、いつもお弁当で食べるときにパリパリでおいしいんだよ」**って、すごく気に入ってます。

ちなみに、じゃがいもは子どもたちが大好きで、わざわざ揚げなくても、じゅうぶんおかずになるので、いっぺんに下ごしらえしておくと本当に便利です。

お弁当ワザ● 2
「隙間埋めの餃子」……どんな具材でも包めば餃子になる

なぜかお弁当箱って、ときに海のように広いじゃないですか。

いろいろつくって詰めたのに、いっこうに隙間が埋まらない……。

広大なお弁当箱に困ったら、とにかくおすすめなのが餃子！

餃子は3つも入れればパンパンになるので、バリエーションを知っておくとすごく重宝します。

「でも、昼からにんにくとかニラなんて食べさせられないわ。お弁当に入れたらにおいそうだし……」

なんて言われてしまうかもしれませんが、心配ご無用。にんにくやニラを使った、いわゆる餃子の具じゃなくていいんです。

だって、どんな具材でも、餃子の皮に包めばあっという間に餃子になるんですから。マッシュポテトを包もうが、マッシュにんじんを包もうが、あの皮に包まれていれば餃子です！

焼き餃子だけでなく、揚げ餃子もボリュームを出したいときにはおすすめです。

餃子の皮は、お弁当に使う量を考えて、6枚ずつ小分けにしてラップに包んで、冷凍しています。乾燥して割れやすいので、さらに保存容器に入れておくのがベター。使うときは前の晩に冷蔵室に移しておけば確実にもどりますが、6枚程度なら、両手で挟めば手の温度ですぐ解凍できます。

本当になんでも餃子になるんですよ。

きんぴらごぼうなどは、ツンツンして包みにくかったら、刻んで包めば問題なし。もし味が濃かったらごはんを混ぜて味を薄めてしまいます。

子どもたちは、餃子の中身をしみじみ見たりしないので、「米が入ってて変！」なんて言いませんから！　それに、残りおかずを詰めると、「ママ、晩ごはんの残りを入れたな」と思われますが、餃子にすればＯＫ。

また、具材が水っぽいと、焼くときに破れたり、フライパンに張りついてはがれにくくなるので注意。その場合は、包む前に、具材にパン粉か砕いた麩を加えて水分を吸わせます。包むものはややパサパサしているくらいがちょうどいいので、それだけは気をつけてくださいね。

お弁当ワザ ● 3
「残りおかずの冷凍」……３日後のお弁当に活用するのがテク！

たとえば、前の夜につくったスパゲッティナポリタンが余ったとき。明日のお弁当にそのままナポリタンが入っていたら、「あ、残りものを入れたんだな」っていう手抜き感がすごく伝わっちゃいますよね。

でも、3日後のお弁当にナポリタンが入っていたら? 「わーい、お弁当にナポリタンだ!」って、よろこんでもらえる。

そこで考えたのが、シリコンカップ冷凍。余ったおかずを小分けにしてカップに入れて、保存容器に並べて、そのまま冷凍室へ。それを数日後のお弁当に詰めます。シリコンは電子レンジで加熱してもかまいませんが、自然解凍でいけるものはそのまんま詰めます。野菜を蒸すついでに鍋のなかに入れて温めることもあります。

残りものは翌日にすぐ詰めず、2~3日のタイムラグを設けましょう! そうすれば、せっかくつくった料理のありがたみが増すんです。

とっておいて
よかった♥

大好物のナポリタンだ！
お弁当のためにわざわざ
つくってくれたのかな？
冷凍しておいた
3日前のナポリタン☆

お弁当ワザ 4

「彩りテクニック」……カラフルなカップがあれば、茶色いおかずでもＯＫ！

お弁当の彩りって、すごく重要なポイント。女の子なんて、お弁当の見た目が華やかかどうかで食欲変わっちゃいますからね。

それは分かっているけど、年がら年中、そんなことばっかり考えてつくれるわけじゃないのです！　だって、いつもミニトマトを買い置きしたりできませんから。

そんなわたしを助けてくれるのは、さまざまなお弁当グッズ。カラフルなシリコンカップやピック、バラン……などなど。

赤いカップに茶色いおかずを詰めちゃえば、ミニトマトはいりません！　ぜーんぶ茶色のおかずだって、なんとかなります！

お弁当箱選びにもコツがあります。

もし、新しく買うなら、おすすめは黄色です！　よく黄色と赤と緑と茶色のバランスを……なんて言いますが、黄色ってなかなか難しいのです。

特に、ベジ系のお料理には、黄色いお料理があまりありません。でも、お弁当箱が黄色なら、もういいじゃないですか、黄色はそれだけで。

ちなみに、わたしは赤の曲げわっぱを持っています。赤い色が鮮やかなので、あとは緑が入っていれば、彩りはバッチリ。

プラスチックのお弁当箱ならそんなに高くないので、お弁当箱は飽きないように、いくつか持っているといいですね。

中身のバリエーションに悩んでいる人は、ひとまずお弁当箱でバリエーションをつけるようにしてみて。それだけで、ずいぶん目先が変わります。

晩ごはん

「居酒屋方式」で、メインおかずより品数にこだわろう

主婦のみなさんが、晩ごはんをつくる際にまず考えるのが「メインのおかず」ではないでしょうか?

でも、わたしは「メインのおかず」があるかどうかなんて、まったく気にしません。

むしろ、品数があることにこだわります。これ、豪華に見せるポイントですよ!

本当にかんたんな料理ばかりですが、夜は4、5品と、けっこう多めにつくるようにしています。盛りつけるのがそんなに大きくない中サイズのお皿でも、5品も並んだら豪華に見えるんです。でも、メインがどーんとひとつだけあっても、それだけし

かないと、あんまり手をかけた感じがしませんよね。

それに、わたしがつくるのは野菜主体の料理なので、どれが主菜か副菜かと考えにくいんです。なんでもいいから、とにかくおかずのお皿を5つ並べるのが目標です。

5品のなかには、まとめて蒸した野菜を切ってドレッシングで和えただけのものとか、ぬか漬け、ゆでただけの枝豆といった、ごくごくかんたんなものもありますが、それで一品にカウントします。それに、炒め物、和え物をひとつずつプラスすれば、もう夕飯の仕度は完了。

こんなふうに、おかずがたくさん並んでいて、好きなように食べてちょうだいね、っていうパターンを、我が家では「居酒屋方式」と呼んでいます。

これが準備もかんたんで、わたしの好きな晩ごはんの形式です。

晩ごはんの仕度は、最後の仕上げだけ残して、あとはすべて朝にやっておくのが鉄則。

たとえば、まとめて蒸したじゃがいもをコロッケにするなら、やっぱり揚げ物は揚げたてがおいしい。衣までつけて、あとは揚げるだけの状態にしておきます。炒め物も、材料を切って、調味料を合わせて、あとは炒めるだけに。サラダも、めんどうなときは野菜をきれいに切ってお皿にならべておくだけ。帰ってきたら、ドレッシングだけササッと合わせてかければいいんです。

そして、夜食べるごはんは、子どもに炊いてもらってます。

次女が早めに小学校から帰ってくるので、「お願い、炊いておいてね」と、しっかり頼っています。

以前は土鍋や圧力鍋でごはんを炊いていましたが、子どもに炊飯係を任せたいがために、炊飯器を買いました！

炊飯器があれば子どもたちに頼んでも安心です。こういう家電の使い方もありなのではないでしょうか？

さて、家族みんなが帰宅して、いよいよ晩ごはんの時間です。

わたしがけっこう重要だと思っているのは、料理を盛りつけるうつわ選びです。

料理講座にいらっしゃるみなさんの話を聞いていると、「煮物はいつもこの深鉢」とか、「餃子用のお皿は中華風の八角皿」とか、ガチガチに決めつけている場合が多いんですよね。その何が悪いって、昨日は大根の煮物を盛りつけていた深鉢に、今日はにんじんの煮物を盛ると、昨日も今日もなんだか同じ料理を出しているみたいに見えちゃうんです！　逆に、いつもはあまり使わないうつわに盛れば、バリエーションが増えたように見えます。

料理は、レシピを増やすだけが能じゃないのです！

ちょっと盛りつけを変えるとか、トッピングをするとか、そういったことでバリエーションを増やしていくのも、ひとつの手。

こんなちょっとしたことで、家族も飽きずに食べられて、自分も飽きずに料理をつくれるんです。

食事はなんのために食べるか、もう一度考えてみませんか？

体のためだけでなく、楽しみながら食べるもの。だから、よりお楽しみ度をあげていきたいんです。

うつわは、子どもたちに選ばせても、おもしろいですよ。

「ねえ、どのお皿に入れたらいいと思う？」なんて聞くと、娘たちがふだん使ってないうつわを、食器棚の奥のほうから引っ張り出してきたりします。

「あぁ、こんなお皿もあったっけ」

「この深鉢、いつもの煮物がすごくおいしそうに見えるね」

そんな会話をしながら盛りつけると、食卓もとても盛り上がります。

うつわをかえただけ
なんだけどね♥
ラッキー♪
今日のごはん
いつもより豪華だね！
あら、
そう？

おやつ

子どもたちが「ウキウキする」おやつじゃなくちゃ！

おやつももちろん、朝まとめて下ごしらえした食材でつくります。

たとえば、圧力鍋でじゃがいもとにんじんをまとめて蒸した日のおやつは、「ポテトパン」と「にんじんラッシー」。

ポテトパンは、『**あな吉さんのゆるベジ　発酵いらず！即席パン**』というレシピ本でも紹介していますが、蒸してつぶしたじゃがいもを、発酵いらずの超かんたんなパン生地で包んで、オーブンで焼くだけ。

にんじんラッシーは、『**あな吉さんのゆるベジ　圧力鍋で野菜たっぷりレシピ**』より。

りんごジュースと蒸しにんじんをミキサーにかけて、そこへ豆乳を加えるだけのかんたんなものです。こんなふうに、野菜もおやつの材料になります。

気がつけば、我が家の長女も、育ち盛りの中学生。ハラペコで帰ってくるので、クッキー2、3枚程度がおやつにあっても「こんなんじゃ足りない！」って感じなんですね。おなかにたまるものを食べさせなくちゃいけないので、だんだんおやつのボリューム感も食事並みにアップしてきました。

なので、おにぎりをおやつに用意しておくこともありますが、そんなときはジュースを寒天で寄せたゼリーなどをおまけにつけるのがコツ。**女の子にとって、おにぎりだけがおやつというのは許せないようで、甘いおやつがあることがポイントなんです。**

わたしは子どもたちがおやつを食べる時間は、料理教室で仕事をしているので、自宅にはいません。子どもたちは、自分で棚や冷蔵庫から出して食べることになるのですが、**そのときに「ウキウキする」ということが、すごく重要だと思っています。**

たとえばラッシーにさすストローなんて、かわいいのをたくさん持ってます！

ポテトパンの下に敷く紙ナプキンも、すごくラブリーなのがいっぱい！
こうしたおやつのためのかわいいグッズは、お客様用じゃないんです。子どもたちにバンバン使います！

今は１００円ショップに行けば、いろんなかたちのゼリー型やら、イラスト入りのクッキー袋やら、たくさん売っていますよね。そういうものを、ふだんから買ってストックしておきます。

家族だからって、どうでもいいプラスチックの保存容器でおやつが出てきたら、テンションが上がらないんですよね。
ママがつくったクッキーだけど、袋に入ってリボンがかかってる。それだけで、開けて食べる楽しみが倍増します。

決して手間のかかるものはつくりません。
でも、最後の一歩のツメとして、子どもたちが喜ぶことをひとつプラスする。そうすることで、「おもてなしの心」が伝わるんです。

明日の自分のため！ 隙間時間で台所の「プチ家事」

たったの一時間ちょっとで毎日の食事の仕度をしているとお話ししましたが、イチから全部をやっているわけじゃありません。たいてい、冷蔵庫にはまとめて加熱だけしておいた何かしらの野菜があるので、「あ～助かる、これで一品！」。

さらには、つくりおきしてある合わせ調味料や、まとめて下ごしらえしておいた食材に助けられてます。と言っても、どこかで自分がまとめてやってるんですけどね。

料理は、日々の隙間時間にやる「プチ家事」がラクするためのカギ！

わたしが「明日の自分に親切にする」という気持ちで、ちょこちょことやっていることを、お伝えしたいと思います。

プチ家事●1
「玉ねぎ&にんにくの皮をむく」……皮がむかれているだけで、使う意欲がアップ

晩ごはんを自分だけ先に食べ終わっちゃうことがよくあります。子どもたちがのんびり食べているときって、「早く食べてくれたらいいのに……」と密かに思ったりしませんか？　でも、やることがあるからといって、ひとりだけ片付けて自分の部屋にいなくなるわけにもいかない。

そんなときこそ、玉ねぎ&にんにくの皮むきです！

どちらも、皮をむくのが面倒。日持ちするからと置いておくと、すぐに芽が出てきて捨てるハメになるのです。

ところが、皮がツルッときれいにむかれていると、「使おうかな♪」という意欲が

増すから不思議！　なので、わたしは食卓で家族とおしゃべりしながら手を動かして、玉ねぎの皮はひと袋、にんにくもあるだけまとめてむいてしまいます。

ちなみに、玉ねぎが常温で保存できるのは、皮がついている状態です。むいたら必ず、ビニール袋などにまとめて冷蔵庫で保存すること。

また、むいたにんにくは、冷凍保存が可能です。使うぶんだけ冷凍室から取り出せばOK。

ゆるベジレシピに欠かせない「ガーリックオイル」をも、冷凍にんにくでつくります。フードプロセッサーでみじん切りにしたにんにくを瓶に入れ、ひたひたになるまで菜種油を注いで浸すだけ。こういった仕込みも隙間時間でやってしまいます。

プチ家事●2
「いも類の皮を洗う」……いも料理の手間とストレスを撃退！

じゃがいもやさつまいも、さといもって、皮を洗うのがすごく面倒ですよね。何がイヤって、土で手が汚れるし、爪の間が黒くなったりするじゃないですか。それを思うと、ついおっくうになってしまうのはわたしだけではないはずです。なんとなく後回しにしているうちに、玉ねぎなどと同じように、いつの間にか芽が出てくるのが関の山。

それならば、まとめてやっちゃえば効率がいいのでは？　そんなふうに考えて、いも類は隙間時間に洗うようにしています。

ザッと水で洗い流したら、大きめの鍋にたっぷりの水を入れていもを浸し、タワシなどで洗います。

食べるぶんだけを洗うんじゃなくて、何も考えずにひと袋まるっと洗っちゃうのがポイント！　きれいになったら、ザルに上げて乾かしておくだけ。

あとでラクチンな上、ひとつずつでもまったくストレスなく使えて気持ちがいいのです。

プチ家事 ● 3
「乾物をもどす」……あとは保存袋に入れて冷凍ＯＫ！

乾物は、隙間時間を利用して、水でもどしておくと便利です。意外ですが、冷凍できるものもあるんですよ。

おすすめは、ひじき。**買ってきたら、ひと袋をまとめてもどして冷凍しちゃってます**。ザルにあげて水気をきったら保存袋に入れて、平たくのばして冷凍すればＯＫ！

凍ったひじきはモシャモシャッと崩れるので、ごはんを炊くときにちょこっと入れて炊き込みごはんにしたり、炒め物にちょこっと加えてひじき入りにしたり、「ゆかり」のような赤じそふりかけと一緒に炒めて、さらに豪華なふりかけをつくったり。

そのつどもどさなくちゃいけないと、いっこうに食べきれない乾物ですが、こうして時間のあるときにもどして冷凍しておけばすぐに使えるので、あっという間になくなります。

切り干し大根も、ひじきと同じようにして冷凍しちゃうのがおすすめ。凍ったまま料理に放り込めば、食物繊維たっぷりの料理の完成です！

下ゆでいらず、野菜は生でフリージングOK！

「乾物は冷凍できる」とお伝えしましたが、わたしは野菜のフリージングもおすすめしています。

「でも、下ゆでするのって、面倒くさくないですか？」

なんて言ってるそこのあなた！　わたしはそんなにマメじゃありません！

野菜は下ゆでしなくても、生で冷凍できるものが多いんです。このテクニックを知っていると、「早く食べきらないと」という焦りから解放されますよ！

最近、出張が多いわたしにとっては、面倒くさくないこの冷凍術を覚えてからというもの、本当に助かってます。あまりに便利なので、つい先日、その冷凍テクニックとレシピをまとめた『**あな吉さんのゆるベジ　いちばんかんたんな、野菜フリージングの本**』というレシピ本を出版してしまったくらいです。

みなさんは、宅配で届いた野菜が使いきれず、ダメにしたことはありませんか？　また、宅配で注文していたのを忘れて同じ野菜を買ってきてしまったり、家庭菜園で同じ野菜がたくさん収穫できちゃったことは？　そんなときは、冷凍です！

実は野菜って、冷蔵している間に酵素がはたらいて、鮮度が落ちるとともにどんどん栄養価が落ちていくんですよ。

わたしは冷凍に関する専門家ではないので、東京海洋大学の冷凍食品学の教授にもしっかり取材をしてきました。いわく、冷凍してしまえば、野菜に含まれる酵素のはたらきがすごくゆるやかになるので、栄養価が落ちていくのを一時的に止めることができるのだそうです。だから、一週間たっても消費できないなと思ったら、冷凍室にゴーすれば安心！

いますぐ、みなさんにためしていただきたいのは、キャベツ。

ざく切りにして、ジッパーつきの保存袋に入れて、そのまま冷凍します。

使うときは、煮物や炒め物、汁物にザラザラッと入れるだけ。特にキャベツは、調味料をかけて自然解凍するだけで、あら不思議！　ゆでなくても、まるでおひたしのようになっちゃうんです。

ピーマンは冷凍すると、苦味が少なくなって、おどろくほどマイルドに。保存方法もすごくかんたんで、2等分してタネを取り除いて保存袋へ入れ、冷凍室へしまうだけです。

冷凍室から出せば、気持ちがいいほど自然にサクサクッと包丁が入るので、料理によって切り方も自由に変えられます。

細切りにしてちょっとしょうゆをかけて、自然解凍させたおひたしは、レシピ本の担当編集者さんがものすごく気に入って、冷凍室に常備するようになったと言うほど。苦味がないので、我が家の子どもたちも大好きです。

ちなみに、ピーマンの仲間であるパプリカも同じように、2等分してタネを取り除いて冷凍できます。

トマトやきのこは、冷凍すると旨味成分がアップ！

トマトはまるごと、きのこはほぐして、保存袋に入れて冷凍します。

トマトは半解凍の状態でさくさく包丁で切って使いますが、これでトマトソースをつくると早く煮崩れて火が通り、フレッシュ感も失われないので、本当に絶品。

きのこは、旨みがしっかりとしみ出すので、出汁になります！　汁物に入れると、すごくおいしい。


また、冷凍野菜はちょっとずつ使えるので、お弁当に何か一品足したいときにも、すごく重宝するんですよ。赤パプリカなどは、ちょっと彩りよくしたいときに便利。使いたい分量だけカットして、また冷凍室に戻します。


もちろん、生で食べられそうだったら、新鮮なうちに食べるのがベスト。

でも、もたもたしているうちに悪くなってしまいそうだったら、「とりあえず冷凍して、時間を止める」のがおすすめです！

便利な調理道具は使いやすいように設置する

わたしは家事をラクにしてくれる便利な道具には、とことん頼る派。

調理道具は、「圧力鍋」「フードプロセッサー」「ミキサー」を「ゆるベジ三種の神器」と呼んでいるくらい、フル活用しています。

でも、こういう道具って「持っているけど、ぜんぜん使いこなせてなくて……」という方、すごく多いです。

どんな料理ができあがるかというのは、わたしの「ゆるベジシリーズ」のレシピ本を手にとっていただくとして、ここでは、どうすればこういった道具が死蔵されず、使いこなせるかという話をしたいと思います。

まず、調理道具というのは、使いやすいように置かれていないと使いません！

圧力鍋なら、大きいからといって、その中にザルとかボウルなんかを重ねて入れ、挙げ句の果てに流しの下にしまい込むようになったらおしまい。

もうそれは、ただの収納場所です。その状態では、一生使うことはありません！

だって、ただでさえ料理は大変なのに、いちいちそのザルやらボウルやらを取り出すのが、面倒くさいじゃないですか。その道具がちっとも料理をラクにしてくれる感じがしません。

わたしはすぐ使えるように、ガスコンロの上に常に置いてあります。圧力鍋としてだけでなく、普通の鍋としても活用するのがおすすめ。

大容量なので、たっぷりお湯を沸かして麺をゆでたり、青菜を一気にゆでるのにもすごく便利です。

フードプロセッサーやミキサーも同じです。棚の奥の方に置いたり、ましてや箱に入れっぱなしでその都度出すようでは、永遠に宝の持ち腐れ！

大切なのは、買ったときに入っていた箱はとっとと捨てて、いつでもコンセントの

いつでもOKだぜーっ!
みんな準備はいいーっ?

届くところに常設しておくこと。

いつでも使えるようにしておくことで、初めて家事をラクにしてくれるんです。

たとえばフードプロセッサーがあれば、みじんぎり、せん切り、すりおろしなど、5分以上かかる調理作業が、1分もかからずに終わってしまうんですから。

ちなみに、計量カップや大さじ・小さじスプーンは、意外な落とし穴になっていることが多い道具。

これらがひとつずつしかないと、計量しては洗って、計量してはまた洗って……を繰り返すことになって、料理がスムーズにつくれません。2セット以上を常備しておくのがおすすめです。

ストレスがなくなって、台所仕事がラクになりますよ!

食材は宅配と通販のみ、我が家の一か月の食費は3万円以下!

「家族5人、毎月の食費はだいたい3万円以下ですね」

雑誌の取材などでそんなお話をすると、編集者さんやライターさんに、

「エーーーッ!!!」

……と、ものすごく驚かれます。

でも、チラシで特売品を追いかけたりする時間はありません。むしろ、野菜はできるだけ有機のものを購入して、調味料類も国産の物や伝統的な製造法にこだわってつくられているできるだけいいものを選ぶようにしています。

ちまたの節約術の話を聞くと「すごいなぁ」と感心するばかり。必死に節約してい

るわけではぜーんぜんないんですよ！

じゃあ、なぜ食費が3万円以下で済むのでしょうか？

日常の買い物はすべて宅配サービスとインターネット通販で注文し、それらの食材をムダなく繰り回せるように料理しているからです。

食材は基本的な物は生活クラブで注文。あとは週に一度、兵庫県の農園から、旬の有機野菜の詰め合わせボックスを定期配送してもらっています。そのほかに足りないものがあれば、追加で別の宅配サービスやオンラインショップでネット注文し、それでも間に合わないときは近所で購入します。

ネット注文は、カートに入れれば勝手に合計金額を計算してくれるので、調整もラク。毎週の購入金額をだいたい5000〜6000円で収めるようにしています。そうすれば、食費はまず、月に3万円を超えることはありません。

こうやってまとめて注文すると、食費を管理するのもかんたん。わたしのような面倒くさがり屋でも、どんぶり勘定でOK、家計簿いらず！

宅配と通販だけで買い物をする大きなメリットは、ほかにもあります。

自宅で注文すれば家まで届けてくれるので、買い物にかける時間が節約でき、しかもストレスフリーなんです！

わたしは子連れで買い物にいくのが好きではありません。なぜなら、すごく時間がかかってしまうから。それに、「買って買って」攻撃にも遭うし、お店の中で子どもがいなくなったら探すのも大変！　もちろん、スーパーでの買い物は楽しいのでたまに立ち寄りますが、気晴らしも兼ねて、ひとりのときに限ります。

さらに、安全な食材を買いやすいというのもメリットです。

わたしはすごく大雑把な性格ですが、子育てをしていることもあり、安全性はわりと細かく気にしています。食材の栽培法、産地、遺伝子組み換え、添加物。スーパーでは何を買うにも気にしなければいけないポイントがたくさんあって、すごく面倒だし時間もかかります。

でも、信頼できる宅配サービスやインターネット通販のお店なら、そこで扱われる商品はすべて、安全性について一定の基準でふるいにかけられています。あらかじめ選んでくれたもののなかから買えばいいのって、本当にラク。いちいち検討しなくても、安心して買い物ができます。

家計簿がついつい三日坊主になってしまう人にこそおすすめの、ゆる家事流の買い物テクニック。誰でもたちまち〝できる〟主婦になれるんです。

Lesson 4

がんばらなくても、心地よい暮らしは実現できる

憂鬱な洗濯も「細分化&見える化」すれば15分こっきり!?

さて、ここからはわたしにとって大問題だった、料理以外の家事についてお話しします。家族みんなが心地よく暮らすために重要な、毎日の片付け、掃除、洗濯といった家事の繰り返しが本当に苦手です。みなさんもそうかもしれませんが、わたしも例外なく、まったくやる気が起こりません。

なかでも、特に大っ嫌いなのが「洗濯」です!

わたしって、どうしてこんなに洗濯が嫌いなんだろう?　その原因について、いろいろ考えてみました。

洗濯をしていて、よくよく「イヤだな」と感じる瞬間を思い出してみると、「洗濯終了の時間に振り回されているとき」だと気づきました。

洗濯機をまわし始めて、干し終わるまでには、短く見積もっても一時間以上かかります。ところが、うっかり出かける予定時間までかかってしまって、洗い終わらないことがありますよね。でも、間に合わないからといってほったらかして出かけちゃったら、洗い上がった洗濯物にニオイが出てしまうのは間違いない。

うーん、予定を遅らせてでも、とにかく干さなきゃヤバイ！

そんなふうに、出かけなくちゃいけない時間まで洗濯をひっぱってしまうと、ものすごく不愉快。「洗濯が終わるまで、あと10分」とか、やりたくもないことのために待たされる感覚が嫌いなんです。

とにかく拘束時間が長すぎる、洗濯は！

じゃあ、どうやって苦手を克服していったらいいのか？

これは家事に限ったことではないのですが、**ハードルが高いと感じることはすべて、手をつけやすいように内容を「細分化」します。**

それぞれの作業にかかる時間まで「見える化」し、少しでもやりやすいように持っていくのが、長年かけて見つけたわたしのやり方です。

そこで、洗濯もその方法で得意になろうと考えました。

作業を細分化してみると、まずは「洗濯機をまわすまでの作業」。色物を分けて、液体石鹸を入れて、洗濯機をスイッチオン。あれ、洗濯機をまわすまでって、どうがんばっても、5分もかからないよね？　3分くらいかな。

そのあとは、全自動で洗濯機がやってくれるから、なにもやることはないわね。で、終わったら「洗濯物を取り出す」が2分。「洗濯物を干す」が10分。

エーッ、合計すると15分!?　あんなに大変な洗濯って、それっぽっちしかかからない家事だったの？

こうやって考えてみるまで、自分のなかでは「洗濯って、本当に面倒くさい2時間仕事」みたいな感覚があったのですが、実際には、たったの15分でやれることが判明したんです。

同時に、なんでそんなに長時間かかると思い込んでいたんだろう、と不思議に思いました。

1. 洗濯機をまわすまでの作業
色物分け分け♪
3min
2. 洗濯物を取り出す
よいしょっ
LAUNDRY
2min
わたしがやる作業ってたった15分しかかからないのね！
3. 洗濯物を干す
いい天気ね～
LAUNDRY
10min
Total 15min

考えてみれば、いつも朝起きるとすぐに台所仕事に手をつけていたんですよね。ひととおりそれが終わってから、洗濯を始めていたので、そこからさらに、ムダに家事の時間に拘束されている気分になっていたんです。

これまでは、タイミングが悪いせいで、2時間近くも洗濯に付き合わされていたんだ、わたしったら……。**朝イチで洗濯機をまわしておきさえすれば、あとはものの十数分で終わっちゃうというのに！**

54ページでも少し触れましたが、このことに気づいてからは、とにかく一日の最初に洗濯機をまわそうって決めたわけです。洗濯さえ終わっちゃえば、いつでも出かけられるのって最高！　**今では毎朝、起きたら何も考えずにまっすぐ洗濯機に向かうようになり、洗濯がちっとも憂鬱じゃなくなりました。**

苦手な家事はぜひ、こんなふうに「細分化&見える化」してみて。

家事の内容を細かくバラしてみることで、手をつけやすくなったり、なぜ苦手なのかが分かってきたり、イヤだと感じるポイントがはっきりします。

それが分かれば、きっと克服する方法が見つかります。

取り込んだ洗濯物は、できるだけ畳みたくない！

「細分化&見える化」のおかげで、洗濯はずいぶんラクになりました。とはいえ、もっとラクできるなら、インチキしてでもラクしたいよくばりなわたしです。

洗濯は洗って干すまでの作業も面倒ですが、畳むのも面倒くさい！というわけで、取り込んだあとに「洗濯物を畳む」という作業を、あらかじめ排除できるような干し方をしています。

基本的には、大人の洋服はすべてハンガーで干して、取り込んだらそのままクローゼットにかける方式。畳むのは、タンスにしまっている子どもたちの服やタオル類、ハンカチや靴下といった小物類です。

あと、最近はもっと洗濯がラクになるんじゃないかと思って、通販で秘密兵器を購入しました。**部屋のなかで洗濯物を干せる、キャスター付きの物干し台です。これ、かなりのすぐれものですよ！**

洗濯機のそばまでその物干しを持っていって、洗濯機から直接タオル類を出して、全部その場でかけちゃえるんですよ。かけ終わったら、そのままガラガラーって引っ張って陽のあたる場所に持っていくだけ。

冬場、寒いのに外で一枚一枚、タオルを広げるのがとっても憂鬱だったんですよね。この物干し台が届いてからは、寒くないというだけでやる気が起こる！

夏場も、外に洗濯物を干しに行くのって、もわっとした暑さでイヤになっちゃいます。紫外線も気になるし。部屋のなかで干せると、本当に助かります。

こんなふうに、家事っていうのは、ちょっとしたことでラクになります。人によって、面倒くさいポイントは違うと思いますが、工夫の余地はまだあるはず！

掃除用の「カットクロス」、切るのが面倒くさ〜い

洗濯物の話題のついでに「カットクロス」のことをお話ししたいと思います。

カットクロスといっても、要はボロ布。洗濯物を畳むついでに、古くなったタオルや、シミがついたりヨレヨレになってきた洋服などを仕分けします。それを使いやすいようにカットしたもののことです。

箱の中にまとめておけば、細々とした汚れの掃除にティッシュのように使ってポイッと捨てられるので、とっても便利。

ところが、近頃ではこの「カットする」という作業がどうも苦手になってきたことに気づきました。つくりおきのカットクロスがないので、ベタベタした台所の汚れをまだきれいな台ぶきんで拭いてしまったりしてイライラ。

いつも洗濯物をたたんでいるときに思うんです。

「もうこのタオル、肌触りもガサガサになってきたし、カットクロスにしちゃおうかな。でも、布切りバサミは裁縫箱に入ってるんだっけ。あとでタンスにしまいにいったついでに切るか……」

ところが、思ったことはそのときに実行しなければ、永遠にやりません。

そのせいで、古いタオルも洋服も、ただ紙袋に溜め込んでおくだけで、いっこうにカットクロスにならない日々が続いていました。

布は、専用のハサミじゃないとうまく切れない。それが遠くにあるために、すぐ取りにいけないのがいけないんじゃない？

なかなか行動できない原因に気がついて、布切りバサミをもうひとつ買って、台所に置くようにしました。そうしたら、効果テキメン！

洗濯物を取り込んだときに、すぐにカットするようになりました。

しかも、カットクロスを使う場所は主に台所なので、そのまま箱にしまうのもスムーズ！　じゃんじゃん使っていけるようになったし、タオルや洋服をつっこんだ邪魔な紙袋もなくなってスッキリ！　常備しておくと本当に重宝します！

家事でやる気が起こらないことは、こんなふうに道具を増やすなど、やりやすい環境を整えてみて。面倒くさくなければ、ちゃんとやれるのです。

「アルコールスプレー」なら二度拭きいらず

台所のプチ掃除に、カットクロスとセットでおすすめしたいのが、お掃除用の「アルコールスプレー」です。

いろいろなメーカーから市販されていますが、わたしは手づくりしています。自分の料理スタジオで専門の先生を招いて開催した「ナチュラルクリーニング講座」で教わって以来、スプレーボトルに、薬局で売られている消毒用エタノールを入れて、2割くらいの精製水で薄めたものを愛用しています。

アルコールスプレーは、洗剤とは違って成分も安全で、面倒な二度拭きがいらない

のが最大のメリット！

料理って、ちょっと炒め物をしただけでも、周囲に油がとんでしまいますよね。炒め物の具材だって、ガスレンジにこびりついたり。あと、冷蔵庫や食器棚の取っ手などども、ちょっとした汚れがつきやすい場所です。

その汚れを洗剤で落とした場合、すっごく面倒だけど、しっかり水拭きして、そのあと乾拭きして……ってやらないと、いろいろ残ってるみたいで気持ちが悪い。

でも、アルコールスプレーなら、成分がすべて揮発しちゃうので、何も残らないんですよ！

ちょっとした汚れは、アルコールスプレーでシュシュッ。あとはカットクロスで汚れを拭き取ってゴミ箱へポイ！　掃除がグッとラクになります。

わたしが「便利家電に頼ろう！」と決めた理由

さて、ゆるベジレシピの本を手に取ったことのある方ならよくご存じかもしれませんが、**わたしは、便利な家電にはとことん頼る派です。**

キッチンでは、フードプロセッサーやミキサーは毎日のように使いますし、洗い物はぜんぶ食洗機におまかせ。洗濯機はもちろん、いざというときに頼れる乾燥機能までしっかり付いてます。

ロボット掃除機の「ルンバ」が登場したときは、迷わず我が家に導入しました！

もちろん、床部分の掃除のみで、細かいところまでは行き届きません。

それでも、子どもが3人、猫が一匹いる我が家では、毎日の床の掃除を機械が勝手にやってくれるだけでも大助かり。

ヤッター♪
お皿洗いは
ボクで十分さっ!
ママは ママにしか
できないことをやって♪
じゃあ子ども達と
遊んであげよ♥
食洗機

しかも、ルンバが掃除しやすいように、子どもたちが床に遊び道具などを置かなくなるというおまけもついてきました。

それから、お風呂は「24時間風呂」を使っています。

これは24時間、お風呂の湯を浄化・殺菌させながら循環させて保温するシステム。もともとあるお風呂に機械を設置しました。初期費用はかかりますが、機械を設置すれば、いつでも好きな時間にきれいな温かいお風呂に入れるんです。

しかも、常にお湯がクリーンな状態になっているので、毎日浴槽を掃除する必要がないのがとってもラク。保温のための電気代はかかりますが、その代わり節水効果がかなり高いので、節約やエコ商品として紹介されることもあります。

うちは5人家族なので、どんな順番でお風呂に入るのかを考えたり、子どもたちに「早く入って」とせっつくのはすごく大変でした。

ところが、今では常にポカポカに沸いているので、みんなが入りたいタイミングで勝手に入ってくれます。

特に夏は、子どもが学校から汗まみれで帰ってきてすぐに、「今からお風呂に入る！」なんていうことも可能になりました。また、私も朝から家事でバタバタして汗をたっぷりかいたあとは、サッとお風呂に入って、さっぱりしてから出かけています。5人以上のご家族には、本当におすすめですよ。

こんなふうに、基本的に任せられる家事はできるだけ、家電任せにしたい。ただし、それにあたっては「家族が不幸にならない限り」という条件が付きます。

たとえば、料理に関しては調理家電を使っても、ママが手づくりした愛情のこもった料理には違いありません。工場で機械がつくった料理とは違うと思うんですよね。

ママが洗った食器じゃないと料理の味が違うとか、ママが掃除した床じゃないとくつろげないとか、ママが沸かしたお風呂じゃないと寒いとか、家電に頼っても家族がそういう哀しさを感じることはないじゃないですか！

もちろん、経済的な問題もありますから、なんでもかんでも家電を導入するのは難しいかもしれません。それに、困っていないことについては、無理して家電に頼る必要もないと思います。

でも、本当に大変だったら、任せていいものは機械に任せるという考え方もあるということ。

わたしの場合はそういった選択をしていて、任せられないものだけは、自分でやるという考え方で分業しています。

子育て世代は どうやってエコする？

「家電に頼ってばっかりじゃ電力を使うし、エコじゃないですよね」

そんなふうに言われてしまうこともあります。

でも、わたしはあえて声を大にして言いたい！

子育て中のお母さーん、そして介護で大変なみなさーん！

ただでさえ目の前のことで精一杯なのだから、エコのことは後回しにしちゃってください！　そんなことよりも今、自分がもうちょっと、心身共にラクになることを考えるべきですよ！

エコは違う世代の人がやってくれます。独身の方とか、子育てからもう手が離れた人とか、そういう方たちには、がんばって取り組む余裕があるでしょう。それでも、できる限りムダなエネルギーは使いたくないと思っているので、たとえば我が家ではスイッチ付きの電源タップを導入しています。待機電力がなくて済むように、家電を使い終わったらすぐにオフするためです。

そして、なにもエコっていうのは、自分の家の電気代を節約することばっかりじゃありません。

たとえば、できるだけ地産地消の食材を買って、地球の反対側から運ばれてきたものを選ばないようにすることも、エコのひとつだと思います。

100円ショップで売られている商品は、労働力の安い国で生産されているものもたくさんあるので、あくまでも「できるだけ」という無理のない考え方で、バランスを大切にしたいもの。

深夜でも煌々と電気を灯しているコンビニに頼りすぎないのも、自動販売機からは

なるべく飲み物を買わないようにするのも、エコと言えます。

確かに便利なときもあるかもしれませんが、利用者が多ければ多いほど、こうしたものは減りません。ここまでたくさんのコンビニや自販機がなくてもいいんじゃないかな、って思いませんか？

毎日毎日、本当に大変な家事に翻弄されている主婦の私たち。

エコについては、そんなふうに自分のなかでの決着の付け方をはっきりさせましょう。そうすれば、すっきりとした気持ちで家電を使うことができると思うのです。

片付けに煩わされないためのちょっとした工夫

家族みんなが快適に暮らすためには、「掃除」と一緒に「片付け」という家事がつきまとってきますよね。

近頃は空前の片付けブーム。わたしは片付けのプロでもなんでもないし、家のなかが完璧に片付いているわけでもないので、あまりエラそうなことは言えないかも……。と思いつつも、いいかげんなわたしでも実践できている、「ゆる家事」的な片付けテクをお伝えできればと思います。

「片付け」と言いながら、わたしの場合はものぐさ人間なので、片付けたくないんで

すよ。というわけで、どうすれば片付けなくて済むのか?という発想のもと、次のような工夫をしています。

片付けなくてすむテク ● 1

台所の保存容器は同じもので揃える

みなさんは、いわゆる「タッパー」のようなプラスチックの保存容器、どんなものを使っていますか? なんとなく買ってしまった容器って、重ねることもできないので、ものすごく場所をとられます。食器棚などにふわふわと積んでおいたら、ダーッと崩れてきて、キーッとなった経験は、誰にでもあるはずです。しかも、入れる容器はあるのにフタはどっかにいっちゃったりしてね。今すぐ必要なのに、すぐに出てこないことにもキーッ!

そんなふうに、保存容器のせいで台所が片付かなかったり、とっちらかっていくのって本当に煩わしい。それがイヤなわたしは、ずいぶん前に、**台所のプラ保存容器をすべて処分して、ひとつのメーカーの同じサイズのものに統一しました。**

青いフタでおなじみの「ジップロック」のシリーズで、容量500mlのロングタイプです。なんとその数、60個以上！　最初にまとめ買いしたときは、1万円近くになってしまいましたが、本当にそうしてよかったと思っています。

容器は容器、フタはフタでスタッキング収納できるので、コンパクトで場所をとりません。中に食材や料理を入れて冷蔵庫に入れておく場合も、安定して重ねておけるし、冷蔵庫の中もすっきり見やすいです。乾物の棚にも、同じ容器を使っていて、20個くらいをきれいに重ねてあります。

これだけで、台所の片付けは、劇的にラクになりました！

片付けなくてすむテク ● 2
100本のハンガーで洋服を増やさない！

保存容器と同じく、わたしが長年やっかいだと思っていたのがハンガーです。

クリーニング屋さんでもらってくる針金ハンガーって、型くずれするし、せっかくきれいにクローゼットに吊しておいたつもりでも、いつの間にか服がすべり落ちてぐちゃぐちゃになってしまい、ずーっとストレスになっていました。

そこで、ハンガーも「すべらないタイプ」で、同じ規格のものに揃えることにしたのです。

最初に何本か通販で取り寄せて試しに使ってみて、いいなと思ったら、合計100本をどーんと大人買い！

子ども服はハンガーにかけるにはまだ小さいので、主に大人が使うためのものです。

こうやってハンガーをまとめ買いして気づいたのは、服はハンガーの数で管理すればいいんだ、ってこと。いまあるハンガーに服がかけきれなくなったら、処分することにしたのです。潔くそう決めたら、ハンガーの数を意識して、増えすぎないように気をつけるようになりました。

ちなみに、衣替えするときは、服をハンガーにかけたままやります。夏になったらハンガーごと冬服を別の場所にかけ直すだけです。

片付けなくてすむテク 3

とっちらからないためにラベリングする

どこに何を置いていたのか？　中身は何だったのか？

すぐに忘れちゃうわたしにとって、ラベリングは欠かせません。

やり方はすごくかんたんで、マスキングテープに油性ペンでメモしてラベルをつく

り、ぴたっと貼るだけです。マスキングテープなら、シールの糊の跡がつかず、はがすときもかんたんです。

たとえば、残った食材を冷凍する場合もラベリング。だし汁やスープ、お菓子づくりなどで余ったシロップなど、凍ってしまえば見た目は同じ薄茶色。もう、それが何だったかわからなくなっちゃうんですよね。容器の側面にラベルを貼って、冷凍室を開けたときにパッと見てわかるようにしておきます。

また、棚にスタッキングして並べている20種類近い乾物の保存容器も、側面にラベリング。フタを開けなくてもすぐに中身がわかるようにしてあります。

台所では毎日、何かしらをラベリングするので、マスキングテープ&油性ペンのセットは、パッと作業できるように冷蔵庫の上に常備してあります。

仕事用のデスクや棚の引き出しにもラベリング。これは、何を入れるための引き出しなのかをはっきり決めるためです。

片付けなくてすむテク 4

ひとつの引き出しにはワンアイテムしか入れない

よく、引き出しの中に仕切りを入れて、文房具などの小物類を整理するじゃないですか。あれは、わたしみたいな大雑把な人間には向きません。たちまち、その境界線があいまいになって、中がどんどんぐちゃぐちゃになっていきます。

ならば、ひとつの引き出しにはワンアイテムと決めて、いっぱい引き出しを用意すればいいのでは？　そう考えて、台所や仕事机を整理し始めたところ、大正解！

しかもそれぞれの引き出しはラベリングしてあるので、出したものを戻すのに迷わなくなった結果、散らかることが少なくなりました。

わたしは細かい物が大好き。仕事で使う料理やお菓子のラッピング用品が細々とあるほか、手帳術の講座もやっているので、フセンやシールなどをいっぱい持ってるんですよね。

たとえば、フセンとシールを同じ引き出しで整理したら、もうあっという間にめちゃくちゃになるはずですが、分けているおかげで整理不要！　ラッピング用品の袋類は透明なＯＰＰ袋、白い袋、茶色い袋……と、色で分けておけば十分です。

こんなふうに引き出しに入る量を定量として整理して、なるべくそれ以上は増やさないように気をつけています。

モノを処分するためのキーワードは「活性化」

実はつい先ほど、スタンプをごっそり処分することを決めました。

ずーっと、いつか使おうと思ってとっておいた、手帳用のスタンプセットがあったんです。「外食」とか「出張」なんていうかわいいイラストつきのものだったのですが、なかなか使えずにいました。

これを「宝の持ち腐れ」にしないためにも、手帳に押さなくちゃいけない。

でもわたし、やっぱり手帳にスタンプを押すのって、あまり好きじゃないみたい……。理由は単純で、スタンプのインクが裏移りするからということ、乾くまでに時間がかかるということ、この2点です。忙しいわたしは、乾くまでのんびり待つなんてできません！

使わないのであれば、処分しよう。でも、もしわたしの代わりに使ってくれる人がいたら、譲ろう。そう決めて「処分するモノの一時避難箱」に入れたのです。

そもそも、欲しいものはつい買ってしまうし、シンプルには暮らしていません。わりとコレクター的なところがあるので、あれこれたくさん持っていて、捨てられないほうです。むしろ、どんどん増えていく一方。

そこで、どうやったら捨てられるのかを考えた結果、「活性化」がポイントであることに気づきました。

家の中にある「モノ」というのは、「使うモノ」と「使わないモノ」、このふたつのみ。使われていれば活性化しているし、使われていなければ活性化していません。

モノは使われなくては意味がないので、活性化していないものを捨てようと考えたのです。

その基準に照らせば、あきらかに手帳用のスタンプは活性化していませんでした。

そして、今後も活性化することはなさそう。それで、処分しようと決意できたのです。

最近では「ときめくか、ときめかないか」で判断する片付け術も流行っていますが、それもいい方法ですよね。ただ、わたしの場合はその方法で片付けられないものもありました。なんてったって、さきほどのスタンプは、わたしにとってものすごくときめくアイテムでしたから。


現時点で使っていなくて、今後も「もしかしたら何かに使うかも？」くらいで明確な目的がないモノだったら、とっておく必要はないかも。

片付いた家をキープするためには、モノは少ないくらいがいい！

これだけネット通販なども便利になっているんですから、必要なモノが出てきたら、また必要になったときに買えばいいと思っています。

活性化してる？

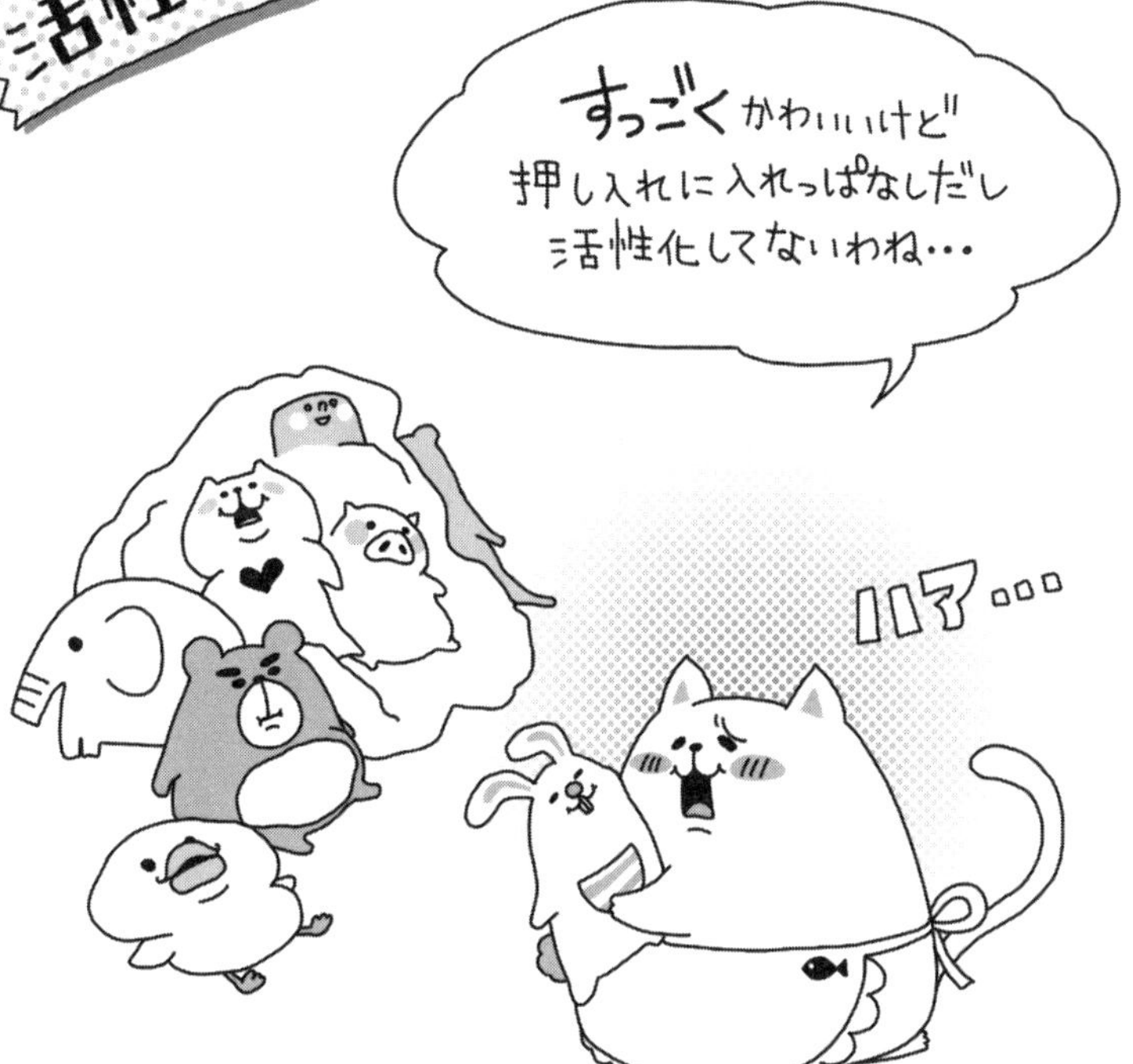
すっごくかわいいけど
押し入れに入れっぱなしだし
活性化してないわね…
ハア…

理想の暮らしを「ウィッシュ・コラージュ」で「見える化」!

「そろそろ、リビングに座り心地のいいソファーが欲しいなぁ」
「本棚に入らない本がいっぱい。スライド式本棚に買い替えようかしら」
「カーテンの色を変えれば、部屋の雰囲気が変わるかな?」

掃除や片付け中にそんなことを考えながら、「○○を買えば、今よりも素敵な部屋になるかも」と、あれこれ考えることってないですか?

でも、そのときは気になっていてもすぐ忘れてしまったり、衝動的に買ってしまったものの部屋に似合わなかったり、実はそんなに必要じゃないのに買ってしまったり……なんてことにもなりがち。

計画性のない買い物は、レシピのない料理を思いつきでつくるようなもの。

おいしくなればラッキーですが、塩分が濃かったり、なんだかピンぼけな味になったりすることが多いのです。

そこで、今頭のなかにモヤモヤとなんとなくイメージして欲しいと思っているものや気になっているものを「見える化」しておくことが重要です。

具体的にどうするかというと、「ウィッシュ・コラージュ」（186ページ）をつくっておくのです。

かんたんに説明すると、いらない通販カタログ（一回注文すると、毎回カタログが届きますよね～）や雑誌などから、気になる雑貨やインテリアなどの写真を切り抜いて、一枚の紙にペタペタと貼ってコラージュしていくだけ。某大手インターネット通販サイトには、欲しいものをまとめてチェックしておける「ウィッシュ・リスト」という機能がありますが、それとちょっと似ています。

これを時間のあるときにまとめておけば、家の中の気に入らないポイントが具体的になってきて、「理想の暮らし」のイメージがわいてきます。

わたしはこのウィッシュ・コラージュをいつも手帳に挟んで持ち歩いていて、時間のあるときに眺めてみては、次のようなことを考えます。

- 本当に必要なものなのか？
- 何かほかのもので代用できる？
- 購入する優先順位は？
- これらを購入する予算はどれくらい？
- 購入にあたって、やるべきことは？
（今使っているものの処分方法、収納場所の確保など）
- ネットで検索して、複数の商品を比較してみよう。
- 出かけたついでに、リストにあるアイテムの実物をお店で手にとってみよう。

これだけしっかり検討すれば、衝動買いで大失敗することもありません。それに、欲しいもののことを考えるのって、すごく楽しい！

それではさっそく、ウィッシュ・コラージュのつくり方を紹介しましょう。

ウィッシュ・コラージュのつくり方

《用意するもの》

- いらない通販カタログや雑誌
- Ａ４判の紙（茶色いクラフト紙がかわいく見えるのでおすすめ）
- カッター＆はさみ
- のり
- フセンやマスキングテープ、シールなど
- ペン

①通販カタログや雑誌をめくっていき、気になるアイテムを見つけたら、カッターでページごと切り取る（そのほうが作業がスムーズ）。

②10～20個程度の気になる候補アイテムが出そろったら、それらの写真を切り抜く。カタログや雑誌掲載品をそのまま買いたいと思ったら、商品名や値段なども一緒に切り抜いておくと便利！

③Ａ４判の紙にのりでペタペタと貼っていく。

④思ったことや気付いたことをペンでメモしていく。フセンやマスキングテープ、シールなどを貼って、そこに書き込むとかわいい！

あな吉アドバイス

●たとえば「リビングに時計が欲しい」と思ったら、カタログや雑誌の写真がズバリそのものじゃなくてもペタッと貼って、そこに「理想の時計イメージ」をメモしておけばＯＫ。時計を欲しいと思っていることを見える化しておくことが大切です。

●カタログや雑誌に掲載のなかったアイテムで欲しいものがあるときは、フセンにメモして貼っておきましょう。かんたんなイラストを添えて見える化しても。

●あな吉の「手帳術」を実践している人に便利なのがＡ４サイズ。そのまま手帳に挟んで持ち歩きましょう！

ウィッシュ・コラージュ作成例

①

④

② ③

①
タイトルをつける
「理想のリビングにする！大作戦」のように、タイトルをつけましょう。買いたいアイテムをトータルで検討することで、寄せ集め感がなくなるというメリットがあります。

②
商品名を貼っておく
カタログの商品そのものが欲しいときは、商品名や価格も切り抜いてペタ。インターネットで検索すれば、購入先がすぐにわかり、価格を比較したいときに便利です。

③
購入前にやるべきことをメモ
「お店で実物を見てみる」など、購入前にチェックすべきことをメモしておき、買い物の失敗を防ぎます。

④
理想のイメージを補足

希望通りの商品でなくても、コラージュしたアイテムの近くに、色やかたちなどの理想をメモしたフセンを貼っておけばOK。自分が欲しいアイテムのイメージがはっきりします。

⑤
それがあると暮らしがどう変わる?

そのアイテムがあると生活がどう変わるのかを書きましょう。収納グッズなどは、何をしまうかを書いておくのが◎。欲しいと思っても意外と必要ないことに気付いたり、なんとなく買ってしまうということがありません。

⑥
いつまでに欲しい?

急に必要になっても慌てずにすむように、使う時期が決まっているものはメモしておくと安心です。

材料も何もなく、ゼロから欲しいものを考えてまとめるのって、実はすごく手間も時間もかかるし、難儀なことです。でも、カタログや雑誌をめくっていって、入ってくる情報を選別するだけならラク！

まず最初に、惜しげもなくページごと切り取っていくのが、効率よくつくっていくポイントです！　どうせ捨てるはずだったんですから。

いくつかのカタログを見ていたら、同じアイテムで複数の商品が出てくることがあるので、そのなかでいちばんコラージュしたいと思うものを決めてから、切り抜き作業にかかりましょう。

また、わたしの場合はただコラージュしっぱなしにはしていません。

選んだアイテムをひとつひとつフセンに書き込んで、手帳に貼り込んでいます。

そんなふうにしておけば、優先順位を並べ替えたり、ひとつのお店で購入できそうなものをまとめてみたり。購入計画を立てるのにとっても便利です。

ちなみにわたしは、このウィッシュ・コラージュのおかげで、長年の懸案事項だっ

た「リビングの床の張り替え」という大仕事に成功しました！

床のサイズを計ってクッションフロア用のシートを通販で取り寄せて、自分で張るという壮大なプランだったのです。

「床を変えたい」と漠然と思っていた頃は、何色にしたらよいかも決めかねていました。いざコラージュしてみると、自分でこんな部屋にしたいというイメージがまとまってきて、色についても考えやすくなったのです。

また、けっこうな金額になるので、「ほかにも欲しいものがあるし……」と、なかなか買う決断が下せずにいたのですが、ほかに買うべきものがしっかり見える化されていると、欲しいものに優先順位がつけやすい！　ウィッシュ・コラージュのおかげで納得して購入を決断できました。

みなさんもぜひ、理想の暮らしを手に入れてください。

Lesson 5

家事がラクになる、家族とのコミュニケーション術

手抜きにも限界、やっぱり頼れるのは家族

ここまでは、抜ける手はとことん抜き、ラクして家事を乗り切ることに知恵をしぼってきました。でもね、やっぱり思ったわけです。

家事をやる人間が、わたしひとりだけじゃ、限界がある！　もうちょっと家族にがんばってもらわないと、とても家の中の仕事はまわらない！

しかも、最近は地方へ泊まりがけの出張も多く、ヘタすると一週間家を空けてしまうこともあります。どうしたって、そのときはわたしのいない穴を埋めるべく、家族のがんばりを見せてもらわなくちゃいけないわけです。

じゃあ、どうすれば家族に気持ちよく働いてもらえるんだろう？

はい、この「気持ちよく」ってとこ、大事ですよ！

イヤイヤ家事を手伝うのではなく、「ママのために、協力しなくっちゃ」と思ってもらいたいんです。

「わたしだって大変なのよ！　だから、もっと手伝ってよ！」

そんなふうに、旦那さんに対してわめけば、「……わかったよ」って、そのときは言ってくれるかもしれません。でもきっとそれは、彼にとって決して気持ちのいい状態ではないはず。心の中では「オレだって大変なのに」という気持ちを抑え込んでいるかもしれません。**そんな状態で手伝ってもらっていたら、ある日、彼のガマンの限界がきたときが恐いじゃないですか！**

だから、家族にできるだけ気持ちよく手伝ってもらうということは、ものすごく重要なこと。そのために、わたしがふだんから心がけていることをお話ししたいと思います。

家族を「ママの応援団」にする「3つの習慣」

「ママは忙しい。それなのに家事もやってて偉い」

わたしにとっての理想は、家族にそう思ってもらえることです。

ママは仕事ばっかりしているんじゃなくて、家のことだってちゃんとがんばっている。それでも家事がまわってない。だから、家族みんなで協力して、そんなママをサポートしてあげなくちゃいけない――そう思ってもらわないと、困るわけです。

じゃあ、どうしたら家族を「ママの応援団」にできるのでしょうか？

そのために、わたしは次の3つのことを習慣にしています。

応援してもらうために 1

家族がいるときに一生懸命、「見せ家事」をする

「見せ家事」についてはLesson2でもお話ししましたが、**家事は家族がいる時間帯に集中して、みんなの目の前でやるのがおトク**。

そのときに、一生懸命がんばっていることをアピールです！「ママは仕事だけじゃなく、家のこともしっかりやっている」と印象づける効果は絶大。

せっかく働いているのに、誰にも見せないなんてもったいなさすぎます。

応援してもらうために ● 2
お仕事ストーリーを聞かせる

家族には「仕事で誰かによろこばれた話」をします。

「お料理教室の生徒さんが、ママの料理で『家族の野菜嫌いを克服できた』って報告してくれたんだよ」とか「今日の講座は、ママのファンだっていう人が母娘で参加してくれて、すっごく料理がおいしいってよろこんでくれてね〜」とか。

こんなふうに、「ママが働くのは、自分のためだけじゃなくて、よろこんでくれる人がいるからなんだよ」ということを話しておくと、仕事の邪魔をされません。

むしろ、家族はみんな、

「ママは忙しそうだけど、人の役に立つことをしているんだな」

と思って、応援してくれるわけです。

ありがとう！
みんなのお・か・げ♥
ガンバレガンバレ
マーマ♪
サポートするからねー♪

応援してもらうために ● 3

できるだけ家では、仕事のグチをこぼさない

わたしは基本的に、家では仕事のグチを言わないと決めています。

グチって気をつけないと、無意識のうちについつい、口をついて出てしまうんですよね。

でも、そんなことばっかり言っていたら、優しい旦那さんは応援するどころか「そんなに大変なら、もうやめちゃいなよ」ってなっちゃう。それに、家の中にもネガティブな空気が漂って、なんだか暗くなってしまいます。

ただでさえ家族と話せる時間は限られているのですから、それよりも、

「仕事でこんなにいいことができた。それは、みんなが応援してくれているおかげ！」

ということを伝えるほうが、家族のサポートへの恩返しになるのです。

「一日15分のお手伝いタイム」を実行させる「3つの作戦」

我が家の子どもたち3人は、小さい頃からとにかくよく働かせてきました。

「毎日15分、お手伝いタイム」と決めて、何かしら家事をやってもらっています。

いちばん下の長男も、今年から小学校に上がりましたが、保育園の頃からみっちりとやらせてきました。お皿拭き、掃除機がけ、タオルなどの洗濯物畳み、玄関やトイレの掃除、階段の水拭き……などは、保育園児でもできます！

一日15分、3人の子どもたちが集中してがんばってくれると、すごく助かるんですよ。合計で45分ですから。

玄関なんかゴミひとつなくなるし、台所のすべての床をぞうきんがけしてくれたらもうすべすべ、サラサラ。

しかも、自分たちでタイマーを15分かけてやっています。

まだ小さい頃は、その15分が待てなくて、ピピッて鳴ったときに仕事が片付かなくても「15分たったもん！」という感じで、終わってたんです。

でも、「15分過ぎても、きれいじゃなきゃ意味がないんだよ！」と、上のお姉ちゃんふたりには言い続けてきました。

そのおかげで、今では「終わってなければ結局、ママが今からやるんだよね」と自分で理解するまでに成長。「ママはママで、いつもがんばっているもんね」と言いながら、時間が過ぎても最後まで責任を持つようになりました。

ただし、この「15分のお手伝い」を子どもたちに課すためには、実はかなりのコツが必要です。そこでわたしが遂行しているのが、次の3つの作戦です。

15分のお手伝い作戦●1

毎日のお手伝いタイムは、決まった時間に

子どもに気まぐれで仕事をたのむのが、そもそも無理なんです。

いきなり、「ねーねー、今から洗濯物畳んで」なんて言ったって、動きません！

ですから、一日のいつが「お手伝いタイム」なのか、決めておくことが重要です。慣れちゃえば、文句も言わず、あたりまえのようにやってくれるようになります。

うちの場合は、「夕飯が終わってから15分」と決めました。ちょっと前までは、寝る前の15分だったんですが、長女の提案で変わったんです。子どもたち曰く、ほかのことをはじめてしまうと、お手伝いが面倒になるというんですね。それで、今は食後すぐにやってます。

とにかく時間をちゃんと決めることと、毎日の習慣にして例外を認めないようにす

ること。やった日とやらない日が出てくると、「やらない日があってもしょうがない」で通ってしまうことになり、ズルズルとサボる日が増えていきます。
ただし、我が家も日曜だけはお手伝いはお休み。ちゃんとメリハリをつけることも大切なんです。

15分のお手伝い作戦 ● 2
子どもの好奇心を刺激する、新しい仕事をときどき頼む

子どもって同じことのくり返しが苦手ですよね。

お手伝いしてもらう家事も、ずーっと同じ仕事ばっかりが続くと飽きてくるみたいなので、**たまに新しい仕事をお願いして、変化をつけるようにしています。**

つい最近、雑誌で見た掃除特集で「このワザで落ちなかった黒ずみもスイスイ!!」

みたいな見出しに心惹かれたんですね。**でも、「ちょっと試してみたいけど面倒だな」って思うじゃないですか。そういうことを子どもにやらせると、すごく燃えてくれるんです。**

さっそく長女に雑誌を見せて、出張先のホテルでもらった、いらない歯ブラシのセットを渡して、説明したんです。

「トイレの壁の黒ずみは、歯ブラシに歯磨き粉をつけて、軽い力でまるくこするようにやると、すごくきれいになるんだって。これ、ホントかな？　ママの代わりに確かめてきてよ」

しばらくしたら、興奮状態で戻ってきて「ママ！　あれすごく落ちるよ〜」って。わたしも「ホント!?　すごいね！」って言いながら見に行って、「うん、落ちてるね〜」、って。そんなことをしていたら、まだ保育園児だった長男もトコトコやってきて「ボクもやりたい！」って言い出したんです。そのあとは、中学生と保育園児が協力しあって、壁をピカピカにきれいにしてくれました。

子どもって好奇心がすごく強いので、新しいことのほうがおもしろいんですね。飽き飽きした仕事をさせられるのは嫌い。

「自分でチャレンジするのは面倒だけど、子どもたちは面白がってくれそうなこと」を探して、お手伝いにバリエーションをつけてみてください。

15分のお手伝い作戦●3
お手伝いに対しては、ちゃんと見返りを与える

食後のお手伝いタイムが終わったあとは、お風呂に入ったり新聞を読んだりしてそれぞれの時間を過ごし、8時半きっかりになったら、30分ほどの「家族で遊ぶ」という時間をつくっています。この時間には、お手伝いをしてくれる子どもたちへのお礼の意味を込めています。

「みんながお手伝いしてくれたから、ママの家事の時間が減りました。だから、みん

なと遊べるんだよ。でも、みんながお手伝いをしてくれなければ、ママはその時間に家事しなくちゃいけないから、遊べません」

いつもそんなふうに言っているので、「ママと遊ぶ」という目的のために、子どもたちは力を合わせて、15分のお手伝いノルマをこなしてくれています。

遊ぶといっても、だいたいトランプや「ＵＮＯ」などのカードゲーム系。あとは、「ウインク殺人事件」「船長さんの命令」といった、道具がなくてもできるようなレクリエーションゲームです。

今のところは、子どもたちがわたしと遊びたがっているから成り立っているこの作戦。「遊ばなくてもいい」って言い出したら、どうしよう⁉　そのときはそのときで、また手だてを考えなければいけません。

といっても、中学生の長女がいまだに「今日は、ウインクがいいんじゃない？」なんて言ってるので、まだまだこの遊びの時間は続きそうです。

こんな作戦を繰り広げながらも、子どもたちが手伝ってくれると、本当に家事がラクになります。**でも、自分が助かるということ以上に、子どもたちにはひと通りの家事ができるように育ってほしいと思っているんです。**

それは、わたしが月に何百人もの主婦の方と話していて、**どんなに仕事ができても家事にコンプレックスがある人というのは、すごく生きづらさを感じているなって感じているから。家事はやらなきゃ生きていけない。**

子どもたちは、お手伝いは単にママを助けるというだけでなく、家の中で必要な仕事の一部をを自分が担っているから生きていけるんだ、っていうことをわかってほしい。そして、その仕事をやってきたからこそ苦労せずに家事をこなせることが、いかに人生をラクにしてくれるかっていうことも、ゆくゆく気づいてくれたらと思っています。

ママを起こさないとお弁当がナイ⁉

すみません、わたしちょっと嘘をついてしまったかもしれません。

Ｌｅｓｓｏｎ２で、わたしは「６時に起きる」とお話ししました。

でもホントは、自分で起きてるんじゃなくて、ふたりの娘に起こしてもらっているんです！

「ママを６時に起こさなければ、お弁当はつくらないよ」

って宣言しているんです。

なので、娘たちは４つくらいの目覚まし時計をかけて一生懸命６時に起きて、「あんたがママ起こしなよ」「お姉ちゃん行ってよ」とお互いに押しつけあって、６時５

分くらいになると「ごめんママ。遅れたけど、起きて〜」って言いにくるんですね。**わたしが単に起こしてもらっているように見えますが、実はこれをやらせると「娘たちを起こす」という手間が省けて一石二鳥なんですよ！　しかも、遅刻をしたことは一度もありません。**

わたしは子どもを起こす、なんてことに労力を使いたくないんです。それに、目覚まし時計のけたたましいアラーム音って神経に障るじゃないですか。あの不快な音で起きるのがイヤなので、娘たちにやさしく起こしてもらっています。

でも、子どもたちも寝坊してママを起こせないこともたまにあります。そんなときは、「もうおにぎりしかつくる時間がないよ」と、それだけ渡しています。でも、自分たちのせいだとわかっているので、あまんじておにぎりを持っていくのです。

夫のサポートを得るには、毎日が「パパ大感謝祭」

子どもたちだけでなく、パパがいなきゃ始まらない！

何よりも、我が家はパパがいなくちゃ生きていけない！

そんなふうに、わたしのなかでは毎日が「パパ感謝祭」。

これ、夫が気持ちよくわたしをサポートしてくれるためには、ものすごく大切だと思っています。だから、その気持ちは惜しみなく伝えるようにしているんです。

実際に、ものすごく助けてもらっているとは思っています。

ついこの間まで、下の子が保育園に通っていたのですが、その送り迎えは夫の担当でした。そして、わたしの掃除っぷりがあまりにも「パパッと系」なので、彼は行き届いていないところを見つけると、生まれ変わったかのようにピカピカにしてくれます。ま、見るに見かねてなんですけどね（そんなわけで、見るに見かねるまでわたしはほっとくんです）。

日曜日の晩ごはんはパパ担当です。

教室でも自分のレシピのごはんだし、たまには人がつくった味つけのものが食べたいな……なんて思って、休日の夜は彼につくってもらえるように持ち込みました。いかにも夫が自分でつくったほうがおトクなように、

「あなただって、いろいろ食べたいものがあるでしょ？　日曜はなんでもつくっていいってことにしましょ！」

って。そうやって台所に立つ習慣があるおかげで、わたしが出張でいないときの食事の仕度は、安心して彼にまかせられます。

とにかく、夫が応援してくれないことには、わたしは仕事を続けることが絶対に不可能なんです。「共働きなんだから、手伝ってくれて当然」という考えの人もいるか

もしれませんが、そんなことはまったく思ってません。

だから、「あなたが夫でよかったよ」とか、「ホントに毎日、ありがとう」とか、もう日々、感謝の言葉を口にしてます。

ちなみに、夫曰く、酔っぱらうと多めで、シラフだとちょこっとらしいんですけどね。

そんな夫も「がんばっているね」って、わたしの仕事ぶりをねぎらってくれます。そう言ってくれたら、「それはあなたのおかげよ」って。

感謝するのなんて、ちっとも大変なことじゃありません。それに、心の中で思っているだけじゃ伝わりません。惜しみなく言葉にしましょうよ！

ちょっと出かけたときのお土産もポイントです。お土産といっても、たいしたものじゃなくていいんです。仕事で帰りが遅くなったときに、彼の好きな銘柄のビールとスルメを買って帰るというのでもいい。

なんてことないものでも「はい、お土産だよ！」って渡してくれたら、言葉だけじゃない感謝の気持ちが伝わってきて、うれしいじゃないですか。

長期出張のときは、わたしがいない間に、ネット通販で手配しておいた夫宛のプレゼントが届くように手配しています。この忙しい現状では、なかなか夫婦水入らずという時間を増やすことができません。でも、一緒にいなくても彼によろこんでもらえるようなことを無理のない範囲で考えることはできます。

もちろん、出張先でもお土産を買って帰ります。

これまでは、「パパ、これお土産だよ」って渡していたんですけれども、最近ちょっと考え直しました。**きちんと「ありがとうございました」って言って渡すべきものだろうと。**

そう気がついてからは、お土産には必ず感謝の言葉も添えるようにしています。でも、すぐに忘れちゃうダメなわたしなので、「お土産＋お礼の言葉」とフセンにメモして、いつも手帳に貼っています。

夫に相談したことは、結末まで報告すべし

夫には感謝をするのと同時に、できるだけ仕事の相談もしています。**わたしの仕事について、夫も一緒に「我がこと」として考えて欲しいという気持ちがあるのです。**

たとえば、トラブルなどが起こったときは、夫に、
「今、時間ある？　相談にのってほしいんだけど……」
と言って、ひととおり困っていることなどを話します。

アドバイスをもらったら、その通りに実行してみて、問題が解決したかどうかも報告するのが重要ポイント。もし解決したのなら、それは夫が時間を割いて、相談にの

った意味があったということ。

こんなふうにして、妻の成功を夫がよろこんでくれるように導くことが、すごく大切です。

コミュニケーションをとりやすい環境づくりもしています。

うちは夫が自宅で仕事をしているのですが、お互いに集中できるようにと、ふたりの仕事部屋は別々にしていました。当然ながら、そうすると仕事をしている間にまったく話せないんですよね。そこで、わたしが無理やりふたりの仕事部屋を一緒にして、なかよく机を並べて仕事をすることにしました。

そうしたら、ちょっとした会話ができるようになってすごくいい感じ。

「ちょっと、今日のYahoo!のトップニュース見た?」

みたいな、ささやかな話題をふったりもできます。

家事の話からは遠いように思えるかもしれませんが、家族とのスムーズなコミュニケーションこそが、「気持ちよい家事への協力」につながります。そして、コミュニケーションは一朝一夕に成り立ちません、積み重ねなのです。

家族の前では「よろこび上手」になろう

夫だけじゃなくて、ときには子どもたちのお手伝いも絶賛します。

たとえば、小4の次女に、夜のごはんを炊く係をやってもらっているのですが、この係を続けてもらうには、絶賛し続けないと難しいですね。具体的にはこうです。

「ママはあなたの炊いた米が、いちばんおいしいって思う！」

重要なのは、ほかの人ではこの役割はダメなんだ、って伝えること。

次女が炊いたごはん以外はありえない、みたいな感じで。そうやって大絶賛することで、ごはんを炊いてくれるんです。

我が家では、家族はみんな「ママがよろこぶ顔を見たい」と思っています。わたし

がよろこぶと、家族もよろこんでくれる。

そう考えると、すべてのママは「よろこび上手」になったほうがいいと思います。

「驚かされ上手」になるのもおすすめ。

子どもたちがお手伝いしてくれたことは、よろこんで、驚いて見せないとやりがいを感じてくれません。

うちの子どもたちは、こっそり何かをやっておいてくれて、ママにキャーキャー言わせるのが大好き。以前、わたしの出張中に、当時は保育園児だった末っ子の遠足弁当を小学生の次女がつくってくれていたんです。そこで、わたしはこう言いました。

「すごいっ！　そんなことできる小学生は、ほかにいないよ！　きっと、保育園の先生もびっくりしてるよ」

ホメられた次女もうれしそう。ますます料理が好きになったようです。

そんなふうに「よろこび上手」「驚かされ上手」になって、家族で楽しくやっていけたらいいかなって思います。

まあっ!
お風呂がピッカピカ!!
ありがと〜!
ママとーっても嬉しい!
ドーン
えへへっ
また洗うね

家族という名の「チーム」で家事と戦う

ここで、家族という「チーム」についてお話ししたいと思います。

最近、マラソンやフィギュアスケートなど、個人競技のスポーツでも「チーム○○」なんて呼ばれるのをよく耳にしますよね。アスリートはひとりでも、コーチやトレーナー、栄養士など複数のパートナーが一緒に、勝利という達成すべき目標に向かって戦っているわけです。

わたしにとっては、家族もそんな「チーム」。

ママが日常の家事をまわすという目標において、家族それぞれがわたしにとっての大切なパートナーです。

実はこの間、チームの面々に、高らかに宣言しました。

「ママは、我が家をもっと素敵にしたい！」

これまでは正直言って、

「毎日こんなに忙しいんだから、掃除もあんまりできないし。家のなかがそんなに素敵じゃなくても、しょうがないじゃない」

そんなふうに思って、あきらめていました。インテリアや模様替えといったことに、関心を向けてこなかったんです。でも、下の息子も小学生になって少し落ち着いたところで、「我が家を素敵にしたい欲」がむくむくと湧いてきたんですね。

でも、わたしには手をかけている時間がない。誰かきれいにしてくれないかしら……。そう思ったら、やっぱり家族というチームで取り組むしかないわけです。

家中をきれいにしたい！っていうのは、あまりにも無謀です。こういったことをわたしは「お化け」と呼んでいるのですが、あらゆることがでっかいひとまとまりになりすぎていて、どこから手をつけたらいいかわかりません。それじゃ、どこをきれいにすればいいんだろう？

家族全員が使う場所といえば、玄関だ！　玄関だったら毎日みんなが必ず通る場所だから、きれいになったらうれしいよね。それに、玄関はそのおうちの顔だから、家全体が今よりも輝いて見えるはず！

「みんなで、玄関を素敵にしよう！」

わたしのこのひと言で、家族というチームが動き出しました。

みんなを盛りあげて
家事をラクしちゃおう♥
チーム
力を合わせて頑張ろ――っ！
お――っっ♪

大成功！　我が家の「玄関を素敵にしようプロジェクト」

玄関を素敵にするといったって、どうしたらいいんだろう？

うちの玄関って、どこがいけてないのかな？

我が家の「玄関を素敵にしようプロジェクト」のスタートは、まずはそこを明らかにすることからでした。といっても、ずーっと頭の中だけで考えるうちに「玄関という名の迷宮」に入ってしまって、なかなか答えが出なかったのです。

そうだ、インターネットで素敵な玄関の画像を検索してみよう！

いろいろ見ているうちに、うちはちょっと古い家なので、「古民家」みたいな雰囲気にすればいい感じになるんじゃないかしら……なんて思えてきたのです。

なんとなくイメージがわいてきたところで、いよいよ家族を集めて、プロジェクト遂行に取りかかりました。どんなふうに進めていったか、段階を追ってお話ししていきます。

STEP 1
まずは家族会議。うちの玄関、どこがダメ？

とある休日に、家族全員を集めて会議をしました。

「この間、玄関を素敵にしよう！ってみんなで決めたでしょ。さっそくなんとかしたいんだけど、まず、うちの玄関ってどこがイケてないんだと思う？」

すると、子どもたちからは競い合うかのように、意見が飛び出しました。

「下駄箱の上にものを置く人がいるからいけないと思います」

「靴が多すぎて、下駄箱に入りきらないのがいけないと思います」

「十分はき掃除をしていないので、ちょっとホコリっぽいときがあります」

「靴が揃ってないことがあります」

いつものことながら、個性的な次女からは、独自の発言も。

「窓は拭く人がいるけれど、ドアは拭く人がいないと思います」

子どもたちが次々に意見を言うので、

「ママは背が小さいから見えていないかもしれないけど、玄関の電気のカサの上にホコリがたまってまーす」

と、パパ。気づいたら拭いてくれっつーの!

STEP 2
玄関のダメなところを、家族で役割分担して解決

さっそく、これらの問題点について、みんなで分担して解決しよう!ということに

なりました。

まず、下駄箱の上に私物を置くのはパパなので、「下駄箱の上にものを置かない係」に任命。もし置いてあったら本人に届けるのと、ついでに電気のカサも掃除してもらうことになりました。

ママは、「下駄箱に入りきらない靴をなんとかする」係。これは真冬なのにビーチサンダルが下駄箱に入ってたり、冬の靴が夏になっても下駄箱に入りっぱなしなのがいけない！　夏の間は冬の靴は別の場所にしまって、冬の間は夏靴と入れ替えるというルールにすればいいんだ、ということになりました。衣替えのついでに、すべての靴を出して、下駄箱の中まで掃除することも決定。

そして、子どもたちの分担です。

まだ保育園児だった長男は、玄関の靴を揃える係。真ん中の次女は自分で言い出したので、ドアを拭く係。で、長女は玄関をはき掃除する係。

長女は「残ってる係って、それしかないでしょ！」とぶつぶつ言いながらも、引き受けてくれました。

STEP 3
目標達成のごほうびを決めて、モチベーションアップ！

役割分担したのはいいけれど、ただそれだけでは、きっといつの間にかやらなくなってしまいます。

そこで、続ける期限を設定して、ちゃんと達成したときのごほうびも決めることにしたのです。

「一か月間、みんなが毎日玄関をきれいにできたら、玄関を素敵にするインテリアを買おう！」

じゃあ、何を買う？という話になって、「ママはこういう家の玄関にしたいんだよね」と、インターネットで検索した古民家カフェのプリントアウト画像を見せたんです。すると、子どもたちからは「これだったら、和風のものがいいね」という反応が返ってきました。

いろいろと話し合った結果、以前わたしがほしいと家族に話していた、てぬぐいを飾る額縁を買うことに。さらに、毎月てぬぐいを買って、交換しよう！と盛り上がってきたのです。

STEP 4 「玄関をきれいにしよう月間」がスタート！

こうして、まずは一か月間続けること、玄関にてぬぐいを飾ることを目標に、家族が一丸となって玄関をきれいにしはじめたわけです。

みんながやる気を高めてくれるように、ちょっとした工夫もしました。

たとえば出張からの帰り道、家族に電話をしたときのこと。

「もしもし、ママだけど。あと2時間くらいで家に着くよ。玄関がきれいになってるか、楽しみだなぁ～」

実は、わたしが帰るころは、もう子どもたちは寝ている時間なのです。

帰宅すると、お、玄関がちゃんときれいになってる！　パパがそっと耳打ちしてくれました。

「子どもたちみーんな、もうすぐママが帰ってくるからって一生懸命、玄関を片付けてたよ。明日ホメてあげてよね」

このあとも、仕事帰りに電話して、保育園から帰ってきた息子が出たときなどに、「さあ、帰ったら靴はそろってるかな～」なんて、すかさず遠隔操作。

その結果、みごとに一か月間、きれいな状態をキープ！

約束通り、インターネット通販で手ぬぐい用の額縁と新しい手ぬぐいを買って、ちょっぴり誇らしい気持ちで、みんなで玄関に飾りました。

STEP 5
下駄箱を塗り直して、ついに古民家風の玄関に

玄関がきれいなのって、本当に気持ちいい。出かけるときもすがすがしいし、ぐったり疲れて仕事から帰ってきても、ドアを開けたときにきれいだと、元気になれるというもの。

本音を言うと、家族みんながかんばってくれたことで、すっかり満足してしまっていたわたしでした。

ところが、すっかり盛り上がった我が家は、それだけでは飽きたらず。

「手ぬぐいだけじゃ、まだママのめざしている古民家風の玄関じゃないよね」

「下駄箱の色が明るすぎるからじゃない？　もっと色が濃くないとダメだよ」

「じゃあ、ハケとこげ茶のニスを買ってきて、みんなで塗るか！」

そんなふうにあれよあれよと話が進み、白木の下駄箱をリメイクすることになったのです。

家族総出で塗るぞ！と、テンションは最高潮。子どもたちには全員、雨ガッパを着せました。保育園児まで一緒になって塗ったので、よく目をこらすと、ハケ目はむらむら状態です。

それでも、色が濃くなったというだけで、ずいぶん雰囲気がおしゃれになった！

こうして、我が家の玄関は、見違えるような姿に生まれ変わることができました。

以上が、我が家の「玄関を素敵にしようプロジェクト」の顚末です。

子どもたちはよっぽど楽しかったのか、「ねぇママ、次はどこを素敵にするの？」って催促してきます。

こんなふうに、とてもひとりではやる気になれない大仕事をやりとげるには、家族という名のチームは本当に強い味方。よくよく考えてみれば、ママはチームの総監督として「盛り上げる」のがいちばんのミッションなのです。

ひとつひとつは地味な作業でも、チームをめいっぱい盛り上げれば、まるで楽しいイベントであるかのように、持っていくことができるわけです。しかも、指示を出すだけで、実作業は家族がやってくれるから、ラクもできる！

楽しいっていうのは、すごく重要です。みんながイヤイヤやっていたら、プロジェクトは成功しませんからね。

あぁ、家族がノリノリで楽しんでくれてよかった！

玄関が素敵になってよかった！

家族が家事への協力を嫌がったら⁉

家族に手伝って欲しい。でも、夫や子どもたちの気分がのってこない。

そんなふうに、家族だっていつもニコニコして家事をやってくれるときばかりじゃないと思います。

困ったときは、わたしはこう考えるんです。

じゃあ、いったいどこがゴール？

部屋が掃除されてきれいになることを何よりも重視するのか、それとも、子どもたちがきちんとママのお手伝いをまっとうすることを重視するのか。

そう考えると、今力ずくでやらせて「もう、二度と手伝わない！」「家事ってホントに面倒くさい」みたいになっちゃったら、最終的に納得がいかないとおもったんです。

どうしても疲れているとか、どうしてもほかにやりたいことがあるっていうときは、お互いに妥協案を考えます。

「うん、わかった。じゃあそのかわり、明日20分やってくれる？」とか、「明日の昼間家にいるんだったら、そのぶん振り替えでやってもらえる？」とか。

なんとかみんながラクになる案を出して、無理をさせないほうが、結局は自分がラクであり、おトクです！　めざすべきゴールは、家事をやらせることそのものじゃないはずなんです。

家族ひとりひとりの性格を分析してみる

きょうだいって、ホントに性格が違いますよね。

うちは、長女が失敗するのが嫌い。だから、「やり方をちゃんと教えて」っていうタイプなんです。次女はまったく違っていて、何をするにも個性を出したい性格。人と違うところをすごく重視しているので、「やり方なんて教わらなくていいから、わたしはわたしなりにやるから」っていうタイプ。で、失敗しても、「わたしはだれにも教わらなかったのに、この程度まではできた」って、いばっちゃう。それはそれでホメてあげることもあるのですが。

要は、それくらい家族ってそれぞれがぜんぜん違う性格なんです。

夫と子どもたちの好きなこと、嫌いなことを一度、バーッて書き出してみると、それぞれの性格がよくわかります。

毎日、一緒に暮らしているはずなのに「この人はそういう人なんだな」って改めて気づくことがいろいろ出てくるのです。

「……ってことは、この人にものを頼むときはこういう言い方にしよう」

「ここをホメてあげれば、もっと伸びるかもしれない」

わたしはそんなふうに、ひとりひとりの性格をじっくり考えて、それぞれの人に対するものの言い方を整理し、家事を気持ちよく手伝ってもらうにあたっての作戦を練っています。

家族の個性はそれぞれです。家事をやらせたいといっても、マニュアル通りにうまくいくわけじゃないから、じっくり頭をつかってうまくいく「我が家のシステム」をつくらなければいけません。

システムというとなんだか堅苦しい響きですが、思いつきで適当にやるものじゃない、ということ。想定されるいろんな穴や、想定外の穴をきちんと埋める対策も取りつつ、取り組むべきものです。

それができれば、あとあとが本当にラクです！

みなさんもぜひ、今よりももっとラクになるための「我が家のシステム」づくりに取り組んでください。

おわりに

いつも、家事についての講座の終わりに、受講された主婦のみなさんにお話ししていることが3つあります。

ひとつめは、「迎えにいった未来しか手に入らない」ということ。

漠然と「幸せになりたい」「今の状況を抜け出したい」と思っているだけではダメなんです。家事について言えば、「どんなふうに家事をやりくりしたいか」を具体的に決めて、そのゴールにむかって努力していかないと、その理想は手に入りません。同じく、「幸せな家族にしたい」と思うなら、そうなるためにあらゆる手だてを尽くしていかなくちゃいけません。うまくいっていない家族が、何かの拍子に急になかよし家族になったりはしないのです。

ふたつめは、「大人はごきげんでいる責務がある」ということ。

家事が大変だったり、つらかったりして我慢をしているという状態は、ごきげんとは言えないですよね。それは、家族の幸せにはつながりません。

だから、できるだけ家事はラクしなくちゃ。でも、家族に我慢はさせちゃいけない。そうしないためには、みんなが納得できる方法を考えることが大切です。ときには妥協案になるかもしれないけれど、「自分だけが我慢すればいい」という状態にはしないこと。

最後は、わたしがいちばん大事だと思っていること。

家族に尊敬されていなくても、愛されていれば大丈夫です！

妻とか母親っていう肩書きがつくと、「尊敬されるようにならなくちゃ」と無意識に思っているところがあります。だから、つらくてもがんばっちゃう。その結果、行き詰まっちゃう。

でも、がんばらなくてもいいじゃないですか。ちゃんと家族から愛されていれば、

「ママはダメだなぁ。助けてあげないと」ってなるんです。
たっぷり家族に頼って甘えましょうよ！

この本ではわたしが実践している「ゆる家事」を紹介しましたが、みなさんに同じやり方をしてほしいわけではないんです。伝えたかったのは、家事をそんなにがんばらなくていいし、ラクするためにはまだまだ工夫する余地があるんじゃないか、ということ。

家事の優等生になんて、ならなくたっていい！
家族がハッピーで、自分もハッピーでいられることが最優先！
わたしはこんなふうに毎日、ゆる〜く家事と向き合っています。

2013年7月

浅倉ユキ

浅倉ユキ………Asakura Yuki

ゆるベジ料理研究家（主婦歴14年）。東京・荻窪にて、「肉、魚、乳製品、卵、砂糖、みりん、酒、だし」を一切使わない、野菜料理の教室「another ～ kitchen（アナザー・キッチン）」を主宰。通称“あな吉さん”。

「100％植物性の材料、びっくりするほどかんたん」で、目も舌もお腹も満足できて、つくる人も食べる人も満足できる「ゆるベジ料理」が注目を集める。口コミで評判を呼び、料理教室は常にキャンセル待ち。料理だけでなく、主婦を対象にした「手帳術」と呼ばれる手帳の使いこなしテクニックも多くのファンを持つ。全国で開催される出張講座やTV番組にも出演し、幅広く活躍中。

近著に、『あな吉さんのゆるベジ　いちばんかんたんな、野菜フリージングの本』（河出書房新社）、『あな吉さんのゆるベジひんやりスイーツ』（PARCO出版）、『あな吉さんの人生が輝く！　主婦のための手帳術』（ディスカヴァー・トゥエンティワン）などがある。

家族は夫、中学2年生の長女、小学4年生の次女、小学1年生の長男、オス猫……の5人＋1匹暮らし。

「浅倉ユキ（あな吉）のゆるベジな暮らし」http://yuruvege.com
ブログ「浅倉ユキ（あな吉）の、ゆるベジごはん」
http://plaza.rakuten.co.jp/anakichi

ラクしてハッピー！

あな吉《きち》さんの「ゆる家事《かじ》」レッスン

2013年7月5日　第1刷発行

◆著　者……………浅倉ユキ
◆発行者……………熊沢敏之
◆発行所……………株式会社筑摩書房
〒111-8755　東京都台東区蔵前2-5-3
振替　00160-8-4123

◆印刷・製本………三松堂印刷株式会社

ISBN978-4-480-87371-2 C0077